NOUVEL
NOUVELLES

De Madame DE GOMEZ.

NOUVELLE ÉDITION.

TOME V.

A PARIS,
Chez Sebastien Jorry, Quai des
Augustins, près le Pont S. Michel,
aux Cigognes.

M. DCC. LVIII.

Avec Approbation & Privilège du Roi.

LA PHILOSOPHIE DE L'HISTOIRE,

Par feu l'Abbé BAZIN.

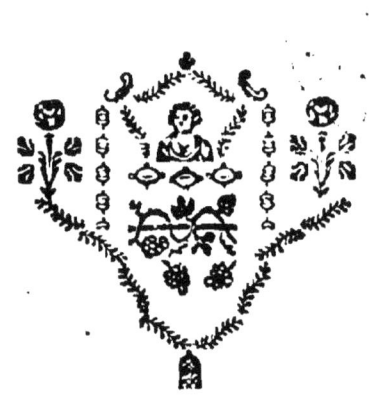

A AMSTERDAM,

Chez CHANGUION.

M. DCC. LXV.

A TRÈS-HAUTE
ET
TRÈS-AUGUSTE PRINCESSE
CATHERINE SECONDE,
IMPÉRATRICE
DE TOUTES LES RUSSIES,
PROTECTRICE
DES ARTS ET DES SCIENCES;
DIGNE PAR SON ESPRIT
*DE JUGER DES ANCIENNES NATIONS,
COMME ELLE EST DIGNE
DE GOUVERNER LA SIENNE.*

Offert très-humblement par le neveu de l'Auteur.

TABLE
DES CHAPITRES.

Chapitre I. Introduction. page 1
Chap. II. Des différentes races d'hommes. 5
Chap. III. De l'antiquité des nations. 9
Chap. IV. De la connaissance de l'ame. 12
Chap. V. De la Religion des premiers hommes. 14
Chap. VI. Des usages & des sentiments communs à presque toutes les nations anciennes. 21
Chap. VII. Des Sauvages. 26
Chap. VIII. De l'Amérique. 35
Chap. IX. De la Théocratie. 39
Chap. X. Des Caldéens. 41
Chap. XI. Des Babiloniens devenus Persans. 49
Chap. XII. De la Sirie. 55
Chap. XIII. Des Phéniciens & de Sanchoniaton. 58
Chap. XIV. Des Scithes & des Gomérites. 64
Chap. XV. De l'Arabie. 67
Chap. XVI. De Bram, Abram, Abraham. 71
Chap. XVII. De l'Inde. 75
Chap. XVIII. De la Chine. 85
Chap. XIX. De l'Egypte. 92
Chap. XX. De la langue des Egyptiens & de leurs simboles.

CHAP. XXI. Des Monuments des Égyptiens. 101
CHAP. XXII. Des Rites Égyptiens & de la Circoncision. 104
CHAP. XXIII. Des mysteres des Égyptiens. 108
CHAP. XXIV. Des Grecs, de leurs anciens déluges, de leurs alphabeths, & de leur genie. 109
CHAP. XXV. Des Législateurs Grecs, de Minos, d'Orphée, de l'immortalité de l'ame. 116
CHAP. XXVI. Des sectes des Grecs. 119
CHAP. XXVII. De Zaleucus, & de quelques autres Législateurs. 123
CHAP. XXVIII. De Bacchus. 126
CHAP. XXIX. Des Métamorphoses chez les Grecs recueillies par Ovide. 130
CHAP. XXX. De l'Idolâtrie. 132
CHAP. XXXI. Des Oracles. 137
CHAP. XXXII. Des Sibylles chez les Grecs, & de leur influence sur les autres nations. 143
CHAP. XXXIII. Des Miracles. 150
CHAP. XXXIV. Des Temples. 156
CHAP. XXXV. De la Magie. 162
CHAP. XXXVI. Des victimes humaines. 166
CHAP. XXXVII. Des mysteres de Cerès Éleusine. 171
CHAP. XXXVIII. Des Juifs au temps où ils commencerent à être connus. 178
CHAP. XXXIX. Des Juifs en Égypte. 180
CHAP. XL. De Moyse, considéré simplement comme Chef d'une nation. 182

CHAP. XLI. *Des Juifs après Moyse jusqu'à Saul.* 188
CHAP. XLII. *Des Juifs depuis Saul.* 193
CHAP. XLIII. *Des Prophetes Juifs.* 200
CHAP. XLIV. *Des prieres des Juifs.* 208
CHAP. XLV. *De Joseph, Historien des Juifs.* 212
CHAP. XLVI. *D'un mensonge de Flavian Joseph concernant Alexandre & les Juifs.* 216
CHAP. XLVII. *Des Préjugés populaires, auxquels les Écrivains sacrés ont daigné se conformer par condescendance.* 218
CHAP. XLVIII. *Des Anges, des génies, des diables, chez les anciennes nations & chez les Juifs.* 225
CHAP. XLIX. *Si les Juifs ont enseigné les autres nations, ou s'ils ont été enseignés par elles.* 234
CHAP. L. *Des Romains. Commencements de leur Empire, & de leur Religion, leur tolérance.* 238
CHAP. LI. *Questions sur les conquêtes des Romains, & leur décadence.* 242
CHAP. LII. *Des premiers peuples qui écrivent l'histoire des fables des premiers Historiens.* 247
CHAP. LIII. *Des Législateurs qui ont parlé au nom des Dieux.* 255

Fin de la Table.

LA PHILOSOPHIE DE L'HISTOIRE.

CHAPITRE PREMIER.

Vous voudriez que des Philosophes eussent écrit l'Histoire Ancienne, parce que vous voulez la lire en Philosophe. Vous ne cherchez que des vérités utiles, & vous n'avez guere trouvé, dites-vous, que d'inutiles erreurs. Tâchons de nous éclairer ensemble; essayons de déterrer quelques monuments précieux sous les ruines des siecles.

Commençons par examiner si le globe que nous habitons était autrefois tel qu'il est aujourd'hui.

Il se peut que notre monde ait subi autant de changements que les États ont éprouvé de révolutions. Il parait prouvé que la mer a couvert des terreins immenses chargés aujourd'hui de grandes Villes & de riches moisfons. Vous favez que ces lits profonds de coquillages qu'on trouve en Touraine & ailleurs, ne peuvent y avoir été déposés que très-lentement par le flux de la mer dans une longue fuite de fiecles. La Touraine, la Bretagne, la Normandie, les terres contigues ont été partie de l'Océan bien plus long-temps qu'elles n'ont été des Provinces de France & des Gaules.

Les fables mouvants de l'Afrique feptentrionale & des bords de la Syrie voifins de l'Égypte, peuvent-ils être autre chofe que les fables de la mer qui font demeurés amoncelés quand la mer s'eft peu à peu retirée? Hérodote, qui ne ment pas toujours, nous dit fans doute une très-grande vérité, quand il raconte que fuivant le récit des Prêtres de l'Égypte, le Delta n'avoit pas été toujours terre. Ne pouvons-nous pas en dire autant des Contrées toujours fablonneufes qui font vers la mer Baltique? Les Ciclades n'atteftent-elles pas aux yeux mêmes, par tous les bas fonds qui les entourent, par les végétations qu'on découvre aifément fous l'eau qui les baigne, qu'elles ont fait partie du continent.

Le Détroit de la Sicile, cet ancien gouffre de Caribde & de Scilla, dangereux encore aujourd'hui pour les petites barques, ne femble-t-il pas nous apprendre que la Sicile était autrefois jointe à l'Appulie, comme l'antiquité l'a toujours cru? Le Mont Véfuve & le Mont Etna ont les mêmes fondements fous la mer qui les fépare. Le Véfuve ne commença d'être un volcan dangereux que quand l'Etna cessa de l'être; l'un des deux soupiraux jette encore des flammes quand l'autre est tranquille. Une secousse violente abima la partie de cette montagne qui joignait Naples à la Sicile.

Toute l'Europe sait que la mer a englouti la moitié de la Frise. J'ai vu il y a quarante ans, les clochers de dix-huit villages près du Mordik qui s'élevaient encore au-dessus de ses inondations, & qui ont cédé depuis à l'effort des vagues. Il est sensible que la mer abandonne en peu de temps ses anciens rivages. Voyez Aiguemorte, Fréjus, Ravenne, qui ont été des Ports & qui ne le sont plus. Voyez Damiette où nous abordâmes du temps des Croisades, & qui est actuellement à dix milles au milieu des terres; la mer se retire tous les jours de Rozette. La nature rend par-tout témoignage de ces révolutions; & s'il s'est perdu des étoiles dans l'immensité de l'espace, si la septieme des Pléyades est disparue depuis long-temps, si plusieurs autres se sont évanouies aux yeux dans la voie lactée, devons-nous être surpris que notre petit globe subisse des changements continuels?

Je n'oserais pourtant assurer que la mer ait formé ou même cotoyé toutes les montagnes de la terre. Les coquilles trouvées près de ces montagnes peuvent avoir été le logement des petits testacées qui habitaient des lacs; & ces lacs qui ont disparu par des tremblements de terre, se seront jettés dans d'autres

A ij

lacs inférieurs. Les cornes d'Ammon, les pierres étoilées, les lenticulaires, les judaïques, les glossopetres, m'ont paru des fossiles terrestres. Je n'ai jamais osé penser que ces glossopetres pussent être des langues de chiens marins, & je suis de l'avis de celui qui a dit qu'il vaudrait autant croire que des milliers de femmes sont venues déposer leur *concas veneris* sur un rivage, que de croire que des milliers de chiens marins y sont venus apporter leurs langues.

Gardons-nous de mêler le douteux au certain, & le faux avec le vrai; nous avons assez de preuves des grandes révolutions du globe, sans en aller chercher de nouvelles.

La plus grande de toutes ces révolutions serait la perte de la terre Atlantique, s'il était vrai que cette partie du monde eût existé. Il est vraisemblable que cette terre n'était autre chose que l'Isle de Madere découverte peut-être par les Phéniciens, les plus hardis navigateurs de l'antiquité, oubliée ensuite, & enfin retrouvée au commencement du quinzieme siecle de notre Ére vulgaire.

Enfin il paraît évident, par les échancrures de toutes les terres que l'Océan baigne, par ces golfes que les irruptions de la mer a formés, par ces archipels semés au milieu des eaux, que les deux hémispheres ont perdu plus de deux milles lieues de terrein d'un côté, & qu'ils l'ont regagné de l'autre.

CHAPITRE II.

DES DIFFÉRENTES RACES D'HOMMES.

CE qui est plus intéressant pour nous, c'est la différence sensible des especes d'hommes qui peuplent les quatre parties connues de notre monde.

Il n'est permis qu'à un aveugle de douter que les Blancs, les Negres, les Albinos, les Hottentots, les Lapons, les Chinois, les Américains, soient des races entiérement différentes.

Il n'y a point de voyageur instruit qui en passant par Leide, n'ait vu la partie du *reticulum mucosum* d'un Negre disséqué par le célebre Ruish. Tout le reste de cette membrane est dans le cabinet des raretés à Pétersbourg. Cette membrane est noire, & c'est elle qui communique aux Negres cette noirceur inhérente qu'ils ne perdent que dans les maladies qui peuvent déchirer ce tissu, & permettre à la graisse échappée de ses cellules de faire des taches blanches sous la peau.

Leurs yeux ronds, leur nez épaté, leurs levres toujours grosses, leurs oreilles différemment figurées, la laine de leur tête, la mesure même de leur intelligence, mettent entr'eux & les autres especes d'hommes des différences prodigieuses; & ce qui démontre qu'ils ne doivent point cette différence à leur climat, c'est que des Negres & des Negresses, transportés dans les pays les plus froids, y produisent toujours des animaux de leur espece, & que les mulâtres ne sont qu'une race batarde d'un noir & d'une blanche, ou d'un blanc & d'une noire, comme les ânes spécifiquement différents des chevaux produisent des mulets par l'accouplement avec des cavales.

Les Albinos sont à la vérité une nation très-petite & très-rare; ils habitent au milieu de l'Afrique. Leur faiblesse ne leur permet guere de s'écarter des cavernes où ils demeurent; cependant les Negres en attrapent quelquefois, & nous les achetons d'eux par curiosité. J'en ai vu deux, & mille Européens en ont vu. Prétendre que ce sont des Negres nains, dont une espece de lepre a blanchi la peau, c'est comme si on disait que les noirs eux-mêmes sont des blancs que la lepre a noircis. Un Albino ne ressemble pas plus à un Negre de Guinée qu'à un Anglais ou à un Espagnol. Leur blancheur n'est pas la nôtre, rien d'incarnat, nul mélange de blanc & de brun, c'est une couleur de linge, ou plutôt de cire blanchie; leurs cheveux, leurs sourcils sont de la plus belle & de la plus douce soie; leurs yeux ne ressemblent en rien à ceux des autres hommes, mais il approchent beaucoup des yeux de perdrix. Ils ressemblent aux Lapons par la taille, à aucune nation par la tête, puisqu'ils ont une autre chevelure, d'autres yeux, d'autres oreilles, & ils n'ont d'homme que la stature du corps, avec la faculté de la parole & de la pensée dans un degré très-éloigné du nôtre.

Le tablier que la nature a donné aux Caffres, & dont la peau lâche & molle tombe du nombril à la moitié des cuisses, le teton noir des femmes Samoyedes, la barbe des hommes de notre continent, & le menton toujours imberbe des Américains, sont des différences si marquées, qu'il n'est guere possible d'imaginer que les uns & les autres ne soient pas des races différentes.

Au reste, si l'on demande d'où sont venus les Américains, il faut aussi demander d'où sont venus les habitants des Terres Australes, & on a déja répondu que la Providence qui a mis des hommes dans la Norvege, en a planté aussi en Amérique & sous le cercle polaire méridional, comme elle y a planté des arbres, & fait croitre de l'herbe.

Plusieurs Savants ont soupçonné que quelques races d'hommes, ou d'animaux approchants de l'homme, ont péri ; les Albinos sont en si petit nombre, si faibles, & si maltraités par les Negres, qu'il est à craindre que cette espece ne subsiste pas encore long-temps.

Il est parlé de Satyres dans presque tous les Auteurs anciens. Je ne vois pas que leur existence soit impossible, on étouffe encore en Calabre quelques monstres mis au monde par des femmes. Il n'est pas improbable que dans les pays chauds, des singes aient subjugué des filles. Hérodote au livre II, dit, que dans son voyage en Égypte, il y eut une femme qui s'accoupla publiquement avec un bouc dans la province de Mendès ; & il appelle toute l'Egypte en témoignage. Il est défendu dans le Lévitique au Chap. 17 de commettre des abominations avec les boucs & avec les chevres. Il faut donc que ces accouplements aient été communs, & jusqu'à ce qu'on soit mieux éclairci, il est à présumer que des especes monstrueuses ont pu naitre de ces amours abominables ; mais si elles ont existé, elles n'ont pu influer sur le genre humain, & semblables aux mulets qui n'engendrent point, elles n'ont pu dénaturer les autres races.

A l'égard de la durée de la vie des hommes, (si vous faites abstraction de cette ligne des descendants d'Adam, consacrée par les livres Juifs,) il est vraisemblable que toutes les races humaines ont joui d'une vie à peu près aussi courte que la nôtre, comme les animaux, les arbres, & toutes les productions de la nature ont toujours eu la même durée.

Mais il faut observer que le commerce n'ayant pas toujours apporté au genre humain les productions & les maladies des autres climats, & les hommes ayant été plus robustes & plus laborieux dans la simplicité d'un état champêtre pour lequel ils sont nés, ils ont dû jouir d'une santé plus égale, & d'une vie un peu plus longue que dans la mollesse, ou dans les travaux mal-sains des grandes Villes ; c'est-à-dire, que si dans Constantinople, Paris & Londres, un homme sur vingt mille arrive à cent années, il est probable que vingt hommes sur vingt mille atteignaient autrefois cet âge. C'est ce qu'on vit dans plusieurs endroits de l'Amérique où le genre humain s'était conservé dans l'état de pure nature.

La peste, la petite vérole que les caravanes Arabes communiquerent avec le temps aux peuples de l'Asie & de l'Europe, furent long-temps inconnues. Ainsi le genre humain en Asie, & dans les beaux climats de l'Europe, se multipliait plus aisément qu'ailleurs. Les maladies d'accident, & plusieurs blessures ne se guérissaient pas à la vérité comme aujourd'hui, mais l'avantage de n'être jamais attaqué de la petite vérole & de la peste, compensait tous les dangers attachés à notre nature ; de sorte qu'à tout prendre, il est à croire que le genre humain dans les climats favorables, jouissait autrefois d'une vie beaucoup plus saine & plus heureuse que depuis l'établissement des grands Empires.

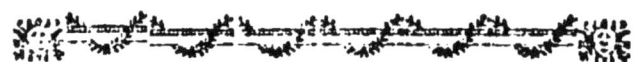

CHAPITRE III.
DE L'ANTIQUITÉ DES NATIONS.

PResque tous les peuples, mais sur-tout ceux de l'Asie, comptent une suite de siecles qui nous effraie. Cette conformité entre eux doit au moins nous faire examiner si leurs idées sur cette antiquité étaient destituées de toute vraisemblance.

Pour qu'une nation soit rassemblée en corps de peuple, qu'elle soit puissante, aguerrie, savante, il est certain qu'il faut un temps prodigieux. Voyez l'Amérique ; il n'y avait que deux Royaumes quand elle fut découverte, & encore dans ces deux Royaumes on n'avait pas inventé l'art d'écrire. Tout le reste de ce vaste continent était partagé, & l'est encore, en petites sociétés à qui les arts sont inconnus. Toutes ces peuplades vivent sous des huttes, elles se vétissent de peaux de bêtes dans les climats froids, & vont presque nues dans les tempérés. Les unes se nourrissent de la chasse, les autres de racines qu'elle pétrissent. Elles n'ont point recherché un autre genre de vie, parce qu'on *ne desire point ce qu'on ne connaît pas.* Leur industrie n'a pu aller au delà de leurs besoins pressants. Les Samoyedes, les Lapons, les habitants du Nord de la Sibérie, ceux du Kamshatka, sont encore moins avancés que les peuples de l'Amérique. La plupart des Negres, tous les Caffres sont plongés dans la même stupidité.

Il faut un concours de circonstances favorables pendant des siecles pour qu'il se forme une grande société d'hommes rassemblés sous les mêmes loix. Il en faut même pour former un langage. Les hommes n'articuleraient pas si on ne leur apprenait à prononcer des paroles, ils ne jetteraient que des cris confus ; ils ne se feraient entendre que par signes. Un enfant ne parle au bout de quelque temps que par imitation : & il ne s'énoncerait qu'avec une extrême difficulté, si on laissait passer ses premieres années sans dénouer sa langue.

Il a fallu peut-être plus de temps pour que des hommes doués d'un talent singulier aient enseigné aux autres les premiers rudiments d'un langage imparfait & barbare, qu'il n'en a fallu pour parvenir ensuite à l'établissement de quelque société. Il y a même des nations entieres qui n'ont jamais pu parvenir à former un langage régulier & à prononcer distinctement : tels ont été les Troglodites au rapport de Pline. Tels sont encore ceux qui habitent vers le Cap de Bonne-Espérance. Mais qu'il y a loin encore de ce jargon barbare à l'art de peindre ses pensées ! la distance est immense.

Cet état de brutes où le genre humain a été long-temps, dut rendre l'espece infiniment rare dans tous les climats. Les hommes ne pouvaient guere suffire à leurs besoins, & ne s'entendant pas ils ne pouvaient se secourir. Les bêtes carnacieres ayant plus d'instinct qu'eux, devaient couvrir la terre, & dévorer une partie de l'espece humaine.

Les hommes ne pouvoient se défendre contre les animaux féroces, qu'en lançant des pierres, & en s'armant de grosses branches d'arbres ; & de-là peut-être vint cette notion confuse de l'antiquité, que les premiers Héros combattaient contre les lions & contre les sangliers avec des massues.

Les pays les plus peuplés furent sans doute les climats chauds, où l'homme trouva une nourriture facile & abondante dans les cocos, les dattes, les ananas, & dans le ris qui croit de lui-même. Il est bien vraisemblable que l'Inde, la Chine, les bords de l'Euphrate & du Tigre, étaient très-peuplés, quand les autres Régions étaient presque désertes. Dans nos climats septentrionaux au contraire, il était beaucoup plus aisé de rencontrer une compagnie de loups qu'une société d'hommes.

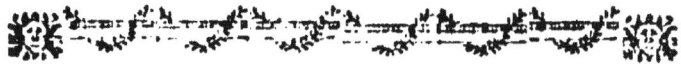

CHAPITRE IV.

DE LA CONNAISSANCE DE L'AME.

Quelle notion tous les premiers peuples auront-ils eue de l'Ame ? Celle qu'ont tous nos gens de campagne avant qu'ils aient entendu le Catéchisme, ou même après qu'ils l'ont entendu. Ils n'acquierent qu'une idée confuse, sur laquelle même ils ne réfléchissent jamais. La nature a eu trop de bonté pour eux pour en faire des Métaphysiciens, cette nature est toujours & par-tout la même. Elle fit sentir aux premieres sociétés qu'il y avait quelque être supérieur à l'homme, quand elles éprouvaient des fléaux extraordinaires. Elle leur fit sentir de même qu'il est dans l'homme quelque chose qui agit & qui pense. Elles ne distinguaient point cette faculté de celle de la vie.

Par quels degrés peut-on parvenir à imaginer dans notre être physique un autre être métaphysique ? Certainement des hommes uniquement occupés de leurs besoins, n'étaient pas Philosophes.

Il se forma dans la suite des temps des sociétés un peu policées, dans lesquelles un petit nombre d'hommes put avoir le loisir de réfléchir. Il doit être arrivé qu'un homme sensiblement frappé de la mort de son pere, ou de son frere, ou de sa femme, ait vu dans un songe la personne qu'il regrettait. Deux ou trois songes de cette nature auront inquiété toute une peuplade. Voilà un mort qui apparaît à des vivants, & cependant ce mort rongé des vers, est toujours en la même place. C'est donc quelque chose qui était en lui, qui se promene dans l'air. C'est son ame, son ombre, ses manes ; c'est une figure légere de lui-même. Tel est le raisonnement naturel de l'ignorance qui commence à raisonner. Cette opinion est celle de tous les premiers temps connus, & doit avoir été par conséquent celle des temps ignorés. L'idée d'un être purement immatériel n'a pu se présenter à des esprits qui ne connaissaient que la matiere. Il a fallu des forgerons, des charpentiers, des maçons, des laboureurs, avant qu'il se trouvât un homme qui eut assez de loisir pour méditer. Tous les arts de la main ont sans doute précédé la Métaphysique de plusieurs siecles.

Remarquons en passant que dans l'âge moyen de la Grece, du temps d'Homere, l'ame n'était autre chose qu'une image aërienne du corps. Ulisse voit dans les enfers des ombres, des manes ; pouvait-il voir des esprits purs ?

Nous examinerons dans la suite comment les Grecs empruntèrent des Égyptiens l'idée des enfers & de l'apothéose des morts ; comment ils crurent, ainsi que d'autres peuples, une seconde vie sans soupçonner la spiritualité de l'ame ; au contraire ils ne pouvaient imaginer qu'un être sans corps pût éprouver du bien & du mal. Et je ne sais si Platon n'est pas le premier qui ait parlé d'un être purement spirituel. C'est là peut-être un des plus grands efforts de l'intelligence humaine. Mais nous n'en sommes pas à ces temps si nouveaux, & nous ne considérons le monde que comme encore informe & à peine dégrossi.

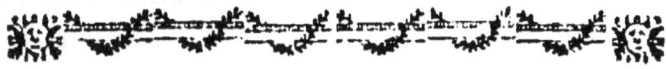

CHAPITRE V.

DE LA RELIGION DES PREMIERS HOMMES.

Lorsqu'après un grand nombre de siecles quelques sociétés se furent établies, il est à croire qu'il y eut quelque Religion, quelque espece de culte grossier. Les hommes alors uniquement occupés du soin de soutenir leur vie, ne pouvaient remonter à l'Auteur de la vie, ils ne pouvaient connaître ces rapports de toutes les parties de l'univers, ces moyens, & ces fins innombrables qui annoncent aux Sages un éternel Architecte.

La connoissance d'un Dieu créateur, rémunérateur & vengeur, est le fruit de la raison cultivée, ou de la révélation.

Tous les peuples furent donc, pendant des siecles, ce que sont aujourd'hui les habitants de plusieurs Côtes Méridionales de l'Afrique, ceux de plusieurs Isles, & la moitié des Américains. Ces peuples n'ont nulle idée d'un Dieu unique, ayant tout fait, présent en tous lieux, existant par lui-même dans l'éternité. On ne doit pas pourtant les nommer athées dans le sens ordinaire; car ils ne nient point l'Être suprême; ils ne le connaissent pas; ils n'en ont nulle idée. Les Caffres prennent pour protecteur un insecte, les Negres un serpent. Chez les Américains, les uns adorent la lune, les autres un arbre. Plusieurs n'ont absolument aucun culte.

Les Péruviens étant policés adoraient le soleil, ou Mango Capac leur avait fait accroire qu'il était le fils de cet astre, ou leur raison commencée leur avait dit qu'ils devaient quelque reconnoissance à l'astre qui anime la nature.

Pour savoir comment tous ces cultes ou ces superstitions s'établirent, il me semble qu'il faut suivre la marche de l'esprit humain abandonné à lui-même. Une Bourgade d'hommes presque sauvages, voit périr les fruits qui la nourrissent : une inondation détruit quelques cabanes ; le tonnerre en brûle quelques autres. Qui leur a fait ce mal? Ce ne peut être un de leurs concitoyens, car tous ont également souffert. C'est donc quelque puissance secrette ; elle les a maltraités, il faut donc l'appaiser. Comment en venir à bout? En la servant comme on sert ceux à qui on veut plaire, en lui faisant des petits présents. Il y a un serpent dans le voisinage, ce pourrait bien être le serpent; on lui offrira du lait près de la caverne où il se retire : il devient sacré dès-lors ; on l'invoque quand on a la guerre contre la Bourgade voisine, qui de son côté a choisi un autre protecteur.

D'autres petites peuplades se trouvent dans le même cas. Mais n'ayant chez elles aucun objet qui fixe leur crainte & leur adoration, elles appelleront en général l'être qu'elles soupçonnent leur avoir fait du mal, *le Maître, le Seigneur, le Chef, le Dominant.*

Cette idée étant plus conforme que les autres à la raison commencée qui s'accroît & se fortifie avec le temps, demeure dans toutes les têtes quand la nation est devenue plus nombreuse. Ainsi nous voyons que beaucoup de nations n'ont eu d'autre Dieu que le maître, le Seigneur. C'était Adonaï chez les Phéniciens, Baal, Milkom, Adad chez des peuples de Syrie. Tous ces noms ne signifient que *le Seigneur, le Puissant.*

Chaque État eut donc avec le temps sa divinité tutélaire, sans savoir seulement ce que c'est qu'un Dieu, & sans pouvoir imaginer que l'État voisin n'eut pas comme lui un protecteur véritable. Car comment penser, lorsqu'on avait un Seigneur, que les autres n'en eussent pas aussi ? Il s'agissait seulement de savoir lequel de tant de Maîtres, de Seigneurs, de Dieux, l'emporterait quand les nations combattraient les unes contre les autres.

Ce fut là sans doute l'origine de cette opinion si généralement & si long-temps répandue, que chaque peuple était réellement protégé par la divinité qu'il avait choisie. Cette idée fut tellement enracinée chez les hommes, que dans des temps très-postérieurs, on la voit adoptée par les Juifs eux-mêmes. Jephté dit aux Ammonites, *ne possédez-vous pas de droit ce que votre Seigneur Chamos vous a donné ? Souffrez donc que nous possédions la terre que notre Seigneur Adonaï nous a promise.*

Il y a deux autres passages non moins forts, ce sont ceux de Jérémie & d'Isaïe, où il est dit, *quelle raison a eu le Seigneur Melkom pour s'emparer du pays de Gad ?* Il est clair par ces expressions, que les Juifs, quoique serviteurs d'Adonaï, reconnaissaient pourtant le Seigneur Melkom & le Seigneur Chamos.

Il y a bien plus. Rien ne fut plus commun que d'adopter les Dieux étrangers. Les Grecs reconnurent ceux des Égyptiens, je ne dis pas le bœuf Apis & le chien Anubis, mais Ammon & les douze grands Dieux. Les Romains adorerent tous les Dieux des Grecs. Jérémie, Amos & St Étienne nous assurent que dans le désert pendant quarante années, les Juifs ne reconnurent que Moloc, Remphan & Kium, qu'ils ne firent aucun

B

sacrifice, ne présenterent aucune offrande au Seigneur Adonaï qu'ils adorerent depuis. Il est vrai que le Pentateuque ne parle que du veau d'or, dont aucun Prophete ne fait mention; mais ce n'est pas ici le lieu d'éclaircir cette grande difficulté : il suffit de révérer également Moyse, Jérémie, Amos & St Étienne, qui semblent se contredire, & que l'on concilie.

Ce que j'observe seulement, c'est qu'excepté ces temps de guerre & de fanatisme sanguinaire qui éteignent toute humanité & qui rendent les mœurs, les loix, la religion d'un peuple l'objet de l'horreur d'un autre peuple, toutes les nations trouverent très-bon que leurs voisins eussent leurs Dieux particuliers, & qu'elles imiterent souvent le culte & les cérémonies des étrangers.

Les Juifs mêmes, malgré leur horreur pour le reste des hommes, qui s'accrut avec le temps, imiterent la circoncision des Arabes & des Égyptiens, s'attacherent comme ces derniers à la distinction des viandes, prirent d'eux les ablutions, les processions, les danses sacrées, le bouc Hazazel, la vache rousse. Ils adorerent souvent le Baal, le Belphegor de leurs autres voisins, tant la coutume & la nature l'emportent presque toujours sur la loi, sur-tout, quand cette loi n'est pas généralement connue du peuple. Ainsi Jacob, petit-fils d'Abraham, ne fit nulle difficulté d'épouser deux sœurs qui étaient ce que nous appellons idolâtres, & filles d'un pere idolâtre. Moyse même épousa la fille d'un Prêtre Madianite idolâtre.

Ces mêmes Juifs qui criaient tant contre les cultes étrangers, appellerent dans leurs livres sacrés l'idolâtre Nabuchodonosor, l'oint du Seigneur, l'idolâtre Cyrus, aussi l'oint du Seigneur. Un de leurs Prophetes fut envoyé à l'idolâtre Ninive. Élisée permit à l'idolâtre Naaman d'aller dans le temple de Remnon. Mais n'anticipons rien; nous savons assez que les hommes se contredisent toujours dans leurs mœurs & dans leurs loix. Ne sortons point ici du sujet que nous traitons; continuons à voir comment les religions diverses s'établirent.

Les peuples les plus policés de l'Asie en deçà de l'Euphrate adorerent les astres. Les Caldéens avant le premier Zoroastre, rendaient hommage au soleil, comme firent depuis les Péruviens dans un autre hémisphere. Il faut que cette erreur soit bien naturelle à l'homme, puisqu'elle a eu tant de sectateurs dans l'Asie & dans l'Amérique. Une nation petite & à demi-sauvage n'a qu'un protecteur. Devient-elle plus nombreuse? Elle augmente le nombre de ses Dieux. Les Égyptiens commencent par adorer Isheth ou Isis, & ils finissent par adorer des chats. Les premiers hommages des Romains agrestes sont pour Mars, ceux des Romains maîtres de l'Europe sont pour la Déesse de l'acte du mariage, pour le Dieu des latrines. Et cependant Cicéron & tous les Philosophes &, tous les initiés reconnaissent un Dieu suprême & tout-puissant. Ils étaient tous revenus par la raison au point dont les hommes sauvages étaient partis par instinct.

Les apothéoses ne peuvent avoir été imaginées que très-long-temps après les premiers cultes. Il n'est pas naturel de faire d'abord un Dieu d'un homme que nous avons vu naître comme nous, souffrir comme nous les maladies, les chagrins, les miseres de l'humanité, subir les mêmes besoins humiliants, mourir & devenir la pâture des vers. Mais voici ce qui arriva chez presque toutes les nations après les révolutions de plusieurs siecles.

Un homme qui avait fait de grandes choses, qui avait rendu des services au genre humain, ne pouvait être à la vérité regardé comme un Dieu par ceux qui l'avaient vu trembler de la fievre, & aller à la garderobe; mais les enthousiastes se persuaderent qu'ayant des qualités éminentes, il les tenait d'un Dieu, qu'il était fils d'un Dieu : ainsi les Dieux firent des enfants dans tout le monde; car sans compter les rêveries de tant de peuples qui précéderent les Grecs; Bacchus, Persée, Hercule, Castor & Pollux furent fils de Dieu, Romulus fils de Dieu; Alexandre fut déclaré fils de Dieu en Égypte ; un certain Odin chez nos nations du Nord fils de Dieu, Mango Capac fils du Soleil au Pérou. L'Historien des Mogols Abulgazir apporte qu'une des ayeules de Gingiskan nommée *Alanku* étant fille fut grosse d'un rayon céleste. Gengiskan lui-même passa pour le fils de Dieu. Et lorsque le Pape Innocent envoya frere Ascelin à Batoukan petit-fils de Gengis, ce Moine ne pouvant être préfenté qu'à l'un des Vifirs, lui dit qu'il venait de la part du Vicaire de Dieu; le Miniftre répondit, Ce Vicaire ignore-t-il qu'il doit des hommages & des tributs au fils de Dieu le grand Batoukan fon maitre ?

D'un fils de Dieu à un Dieu il n'y a pas loin chez les hommes amoureux du merveilleux. Il ne faut que deux ou trois générations pour faire partager au fils le domaine de fon pere; ainfi des temples furent élevés avec le temps à tous ceux qu'on avait fuppofé être nés du commerce furnaturel de la Divinité avec nos femmes & avec nos filles.

On pourrait faire des volumes fur ce fujet; mais tous ces volumes fe réduifent à deux mots, c'eft que le gros du genre humain a été très-long-temps infenfé & imbécille; & que peut-être les plus infenfés de tous ont été ceux qui ont voulu trouver un fens à ces fables abfurdes, & mettre de la raifon dans la folie.

CHAPITRE VI.

DES USAGES ET DES SENTIMENTS COMMUNS A PRESQUE TOUTES LES NATIONS ANCIENNES.

LA nature étant par-tout la même, les hommes ont dû néceffairement adopter les mêmes vérités & les mêmes erreurs dans les choses qui tombent le plus sous les sens, & qui frappent le plus l'imagination. Ils ont dû tous attribuer le fracas & les effets du tonnerre au pouvoir d'un être supérieur habitant dans les airs. Les peuples voisins de l'Océan, voyant les grandes marées inonder leurs rivages à la pleine lune, ont dû croire que la lune était cause de tout ce qui arrivait dans le temps de ses différentes phases.

Dans leurs cérémonies religieuses, presque tous se tournerent vers l'Orient, ne songeant pas qu'il n'y a ni Orient ni Occident, & rendant tous une espece d'hommage au soleil qui se levait à leurs yeux.

Parmi les animaux, le serpent dut leur paraître doué d'une intelligence supérieure, parce que voyant muer quelquefois sa peau, ils durent croire qu'il rajeunissait. Il pouvait donc en changeant de peau se maintenir toujours dans sa jeunesse; il était donc immortel. Aussi fut-il en Égypte, en Grece, le simbole de l'immortalité. Les gros serpents qui se trouvaient auprès des fontaines empêchaient les hommes timides d'en approcher. On pensa bientôt qu'ils gardaient les trésors. Ainsi un serpent gardait les pommes d'or hespérides; un autre veillait autour de la toison d'or & dans les mysteres de Bacchus on portait l'image d'un serpent qui semblait garder une grappe d'or.

Le serpent passait donc pour le plus habile des animaux, & de-là cette ancienne fable Indienne, que Dieu ayant créé l'homme lui donna une drogue qui lui assurait une vie saine & longue ; que l'homme chargea son âne de ce préfent divin, mais qu'en chemin l'âne ayant eu foif, le ferpent lui enfeigna une fontaine, & prit la drogue pour lui, tandis que l'âne buvait, de forte que l'homme perdit l'immortalité par fa négligence, & le ferpent l'acquit par fon adreffe. Delà enfin tant de contes de ferpents & d'ânes.

Ces ferpents faifaient du mal ; mais comme ils avaient quelque chofe de divin, il n'y avait qu'un Dieu qui eût pû enfeigner à les détruire. Ainfi le ferpent Pithon fut tué par Apollon. Ainfi Ophionée le grand ferpent fit la guerre aux Dieux long-temps avant que les Grecs euffent forgé leur Apollon. Un fragment de Phérécide rapporte que cette fable du grand ferpent ennemi des Dieux, était une des plus anciennes de la Phénicie.

Nous avons déja vu que les fonges, les rêves durent introduire la même fuperftition dans toute la terre. Je fuis inquiet pendant la veille de la fanté de ma femme, de mon fils, je les vois mourants pendant mon fommeil, ils meurent quelques jours après ; il n'eft pas douteux que les Dieux ne m'aient envoyé ce fonge véritable. Mon rêve n'a-t-il pas été accompli ? C'eft un rêve trompeur que les Dieux m'ont député. Ainfi dans Homere, Jupiter envoye un fonge trompeur au Chef des Grecs Agamemnon. Tous les fonges vrais ou faux viennent du Ciel. Les Oracles s'établiffent de même par toute la terre.

Une femme vient demander à des Mages fi fon mari mourra dans l'année. L'un lui rés pond que oui, l'autre non. Il est bien certain que l'un d'eux aura raison ; si le mari vit, la femme garde le silence ; s'il meurt, elle crie par toute la Ville que le Mage qui a prédit cette mort est un Prophete divin. Il se trouve bientôt dans tous les pays des hommes qui prédisent l'avenir, & qui découvrent les choses les plus cachées. Ces hommes s'appellent les voyants chez les Égyptiens, comme dit Manéthon au rapport même de Joseph dans son discours contre Appion.

Il y avait des voyants en Caldée, en Syrie. Chaque temple eut ses oracles. Ceux d'Apollon obtinrent un si grand crédit, que Rollin dans son histoire ancienne répete les oracles rendus par Apollon à Crésus. Le Dieu devine que le Roi fait cuire une tortuë dans une tourtiere de cuivre, & lui répond que son regne finira quand un mulet sera sur le trône des Perses. Rollin n'examine point si ces prédictions dignes de Nostradamus ont été faites après coup. Il ne doute pas de la science des Prêtres d'Apollon, & il croit que Dieu permettait qu'Apollon dît vrai. C'était apparemment pour confirmer les payens dans leur religion.

Une question plus philosophique dans laquelle toutes les grandes nations policées se sont accordées depuis l'Inde jusqu'à la Grece, c'est l'origine du bien & du mal.

Les premiers Théologiens de toutes les nations durent se faire la question que nous faisons tous dès l'âge de quinze ans, pourquoi y a-t-il du mal sur la terre?

On enseigna dans l'Inde qu'Adimo fils de Brama produisit les hommes justes par le nombril du côté droit, & les injustes du côté gauche, & que c'est de ce côté gauche que vint le mal moral & le mal physique. Les Égyptiens eurent leur Typhon qui fut l'ennemi d'Osiris. Les Persans imaginèrent qu'Ariman perça l'œuf qu'avait pondu Oromase, & y fit entrer le péché. On connait la Pandore des Grecs : c'est la plus belle de toutes les allégories que l'antiquité nous ait transmises.

L'allégorie de Job fut certainement écrite en Arabe, puisque les traductions Hébraïques & Grecques ont conservé plusieurs termes Arabes. Ce livre qui est d'une très-haute antiquité, représente le Sathan, qui est l'Ariman des Perses, & le Tiphon des Égyptiens, se promenant dans toute la terre, & demandant permission au Seigneur d'affliger Job. Sathan paraît subordonné au Seigneur ; mais il résulte que Sathan est un être très-puissant capable d'envoyer sur la terre des maladies, & de tuer les animaux.

Il se trouva au fond que tant de peuples sans le savoir, étaient d'accord sur la croyance de deux principes, & que l'univers alors connu était en quelque sorte Manichéen.

Tous les peuples durent admettre les expiations ; car où était l'homme qui n'eût pas commis de grandes fautes contre la société ? Et où était l'homme à qui l'instinct de sa raison ne fit pas sentir des remords ? L'eau lavait les souillures du corps & des vêtements, le feu purifia les métaux, il fallait bien que l'eau &

le feu purifiassent les ames. Aussi n'y eut-il aucun Temple sans eaux & sans feux salutaires.

Les hommes se plongerent dans la grange, dans l'Indus, dans l'Euphrate, au renouvellement de la lune & dans les éclipses. Cette immersion expiait les péchés. Si on ne se purifiait pas dans le Nil, c'est que les Crocodiles auraient dévorés les pénitents. Mais les Prêtres qui se purifiaient pour le peuple, se plongeaient dans de larges cuves, & y baignaient les criminels qui venaient demander pardon aux Dieux.

Les Grecs dans tous leurs Temples eurent des bains sacrés, comme des feux sacrés, simboles universels chez tous les hommes de la pureté des ames. Enfin les superstitions paraissent établies chez toutes les nations, excepté chez les Lettrés de la Chine.

CHAPITRE VII.
DES SAUVAGES.

ENtendez-vous par sauvages des rustres vivants dans des cabanes avec leurs femelles & quelques animaux, exposés sans cesse à toute l'intempérie des saisons, ne connaissant que la terre qui les nourrit, le marché où ils vont quelquefois vendre leurs denrées, pour y acheter quelques habillements grossiers, parlant un jargon qu'on n'entend pas dans les Villes ayant peu d'idées,

& par conséquent peu d'expressions; soumis, sans qu'ils sachent pourquoi, à un homme de plume, auquel ils portent tous les ans la moitié de ce qu'ils ont gagné à la sueur de leur front; se rassemblant certains jours dans une espece de grange pour célébrer des cérémonies où ils ne comprennent rien ; écoutant un homme vêtu autrement qu'eux, & qu'ils n'entendent point; quittant quelquefois leur chaumiere lorsqu'on bat le tambour, & s'engageant à s'aller faire tuer dans une terre étrangere, & à tuer leurs semblables pour le quart de ce qu'ils peuvent gagner chez eux en travaillant? Il y a de ces sauvages-là dans toute l'Europe. Il faut convenir sur-tout que les peuples du Canada & les Caffres, qu'il nous a plu d'appeler sauvages, sont infiniment supérieurs aux nôtres. Le Huron, l'Algonquin, l'Illinois, le Caffre, le Hottentot, ont l'art de fabriquer eux-mêmes tout ce dont ils ont besoin, & cet art manque à nos rustres. Les peuplades d'Amérique & d'Afrique sont libres, & nos sauvages n'ont pas même d'idée de la liberté.

Les prétendus Sauvages d'Amérique sont des Souverains qui reçoivent des Ambassadeurs de nos Colonies, que l'avarice & la légéreté ont transplantées auprès de leur territoire. Ils connaissent l'honneur, dont jamais nos Sauvages d'Europe n'ont entendu parler. Ils ont une patrie, ils l'aiment, ils la défendent; ils font des Traités; ils se battent avec courage, & parlent souvent avec une énergie héroïque. Y a-t-il une plus belle réponse dans les grands hommes de Plutarque, que celle de ce Chef des Canadiens à qui une nation Européenne proposait de lui céder son patrimoine, *nous sommes nés sur cette terre, nos peres y sont ensevelis, dirons-nous aux ossements de nos peres, levez-vous, & venez avec nous dans une terre étrangere ?*

Ces Canadiens étaient des Spartiates en comparaison de nos rustres qui végetent dans nos villages, & des Sibarites qui s'énervent dans nos Villes.

Entendez-vous par sauvages des animaux à deux pieds, marchant sur les mains dans le besoin, isolés, errants dans les forêts, *Salvatici, Selvagi,* s'accouplant à l'aventure, oubliant les femelles auxquelles ils se sont joints, ne connaissant ni leurs fils ni leurs peres; vivants en brutes, sans avoir ni l'instinct ni les ressources des brutes ? On a écrit que cet état est le véritable état de l'homme, & que nous n'avons fait que dégénérer misérablement depuis que nous l'avons quitté. Je ne crois pas que cette vie solitaire attribuée à nos premiers peres, soit dans la nature humaine.

Nous sommes, si je ne me trompe, au premier rang (s'il est permis de le dire) des animaux qui vivent en troupe, comme les abeilles, les fourmis, les castors, les oyes, les poules, les moutons, &c. Si on rencontre une abeille errante, devra-t-on conclure que cette abeille est dans l'état de pure nature, & que celles qui travaillent dans la ruche ont dégénéré ?

Tout animal n'a-t-il pas son instinct irrésistible auquel il obéit nécessairement ? Qu'est-ce que cet instinct ? L'arrangement des organes dont le jeu se déploie par le temps. Cet instinct ne peut se développer d'abord, parce que les organes n'ont pas acquis leur plénitude.

„ Leur pouvoir est constant, leur principe est divin,
„ Il faut que l'enfant croisse avant qu'il les exerce ;
„ Il ne les connait pas sous la main qui le berce.
„ Le moineau dans l'instant qu'il a reçu le jour,
„ Sans plumes dans son nid peut-il sentir l'amour?
„ Le renard en naissant va-t-il chercher sa proie.
„ Les insectes changeants qui nous filent la soie,
„ Les essains bourdonnants de ces filles du Ciel,
„ Qui pétrissent la cire, & composent le miel,
„ Sitôt qu'ils sont éclos forment-ils leur ouvrage ?
„ Tout s'accroît par le temps, tout meurt avec l'âge.
„ Chaque être a son objet, & dans l'instant marqué
„ Marche & touche à son but par le Ciel indiqué.

Ne voyons-nous pas en effet que tous les animaux, ainsi que tous les autres êtres, exécutent invariablement la loi que la nature donne à leur espece ? L'oiseau fait son nid, comme les astres fournissent leur course, par un principe qui ne change jamais. Comment l'homme seul aurait-il changé ? S'il eut été destiné à vivre solitaire comme les autres animaux carnaciers, aurait-il pu contredire la loi de la nature jusqu'à vivre en société ? Et s'il était fait pour vivre en troupe comme les animaux de basse-cour, eut-il pu d'abord pervertir sa destinée jusqu'à vivre pendant des siecles en solitaire ? Il est perfectible ; & delà on a conclu qu'il s'est perverti. Mais pourquoi n'en pas conclure qu'il s'est perfectionné jufqu'au point où la nature a marqué les limites de fa perfection ?

Tous les hommes vivent en focieté : peut-on en inférer qu'ils n'y ont pas vécu autrefois ? n'eft-ce pas comme fi on concluait que fi les taureaux ont aujourd'hui des cornes, c'eft parce qu'ils n'en ont pas toujours eu ?

L'homme en général a toujours été ce qu'il eft : cela ne veut pas dire qu'il ait toujours eu de belles Villes, du canon de vingt-quatre livres de balle, des Opera-comiques & des Couvents de Religieufes ; mais il a toujours eu le même inftinct qui le porte à s'aimer dans foi-même, dans la compagne de fon plaifir, dans fes enfants, dans les œuvres de fes mains.

Voilà ce qui jamais ne change d'un bout de l'Univers à l'autre. Le fondement de la fociété exiftant toujours, il y a donc toujours eu quelque fociété ; nous n'étions donc point faits pour vivre à la maniere des ours.

On a trouvé quelquefois des enfants égarés dans les bois, & vivants comme des brutes, mais on y a trouvé auffi des moutons & des oyes, cela n'empêche pas que les oyes & les montons ne foient deftinés à vivre en troupeaux.

Il y a des Faquirs dans les Indes qui vivent feuls, chargés de chaînes. Oui ; & ils ne vivent ainfi qu'afin que les paffants qui les admirent, viennent leur donner des aumônes. Ils font par un fanatifme rempli de vanité, ce que font nos mendiants des grands chemins, qui s'eftropient pour attirer la compassion. Ces excréments de la société humaine sont seulement des preuves de l'abus qu'on peut faire de cette société.

Il est très-vraisemblable que l'homme a été agreste pendant des milliers de siecles, comme sont encore aujourd'hui une infinité de paysans. Mais l'homme n'a pu vivre comme les bléreaux & les lievres.

Par quelle loi, par quels liens secrets, par quel instinct l'homme aura-t-il toujours vécu en famille sans le secours des arts, & sans avoir encore formé un langage? C'est par sa propre nature, par le goût qui le porte à s'unir avec une femme; c'est par l'attachement qu'un Morlaque, un Islandois, un Lapon, un Hottentot sent pour sa compagne, lorsque son ventre grossissant, lui donne l'espérance de voir naître de son sang un être semblable à lui; c'est par le besoin que cet homme & cette femme ont l'un de l'autre par l'amour que la nature leur inspire pour leur petit dès qu'il est né, par l'autorité que la nature leur donne sur ce petit, par l'habitude de l'aimer, que le petit prend nécessairement d'obéir au pere & à la mere, par le secours qu'ils en reçoivent dès qu'il a cinq ou six ans, par les nouveaux enfants que font cet homme & cette femme; c'est enfin parce que dans un âge avancé ils voyent avec plaisir leurs fils & leurs filles faire ensemble d'autres enfants qui ont le même instinct que leurs peres & leurs meres.

Tout cela est un assemblage d'hommes bien grossiers, je l'avoue; mais croit-on que les charbonniers des forêts d'Allemagne, les habitants du Nord, & cent peuples de l'Afrique, vivent aujourd'hui d'une maniere bien différente?

Quelle langue parleront ces familles sauvages & barbares? Elles seront sans doute très-long-temps sans en parler aucune; elles s'entendront très-bien par des cris & par des gestes. Toutes les nations ont été ainsi des sauvages, à prendre ce mot dans ce sens; c'est-à-dire, il y aura eu long-temps des familles errantes dans les forêts, disputant leur nourriture aux autres animaux, s'armant contr'eux de pierres & de grosses branches d'arbres, se nourrissant de légumes sauvages, de fruits de toute espece, & enfin d'animaux mêmes.

Il y a dans l'homme un instinct de méchanique que nous voyons produire tous les jours de très-grands effets dans des hommes fort grossiers. On voit des machines inventées par des habitants des montagnes du Tirol & des Vosges, qui étonnent les Savants. Le paysan le plus ignorant fait par-tout remuer les plus gros fardeaux par le secours du levier, sans se douter que la puissance faisant équilibre, est au poids, comme la distance du point d'appui à ce poids est à la distance de ce même point d'appui à la puissance. S'il avait fallu que cette connaissance précédât l'usage des leviers, que de siecles se seraient écoulés avant qu'on eût pu déranger une grosse pierre de sa place!

Proposez à des enfants de sauter un fossé; tous

tous prendront machinalement leur secousse, en se retirant un peu en arriere, & en courant ensuite. Ils ne savent pas assurément que leur force en ce cas est le produit de leur masse multipliée par leur vitesse.

Il est donc prouvé que la nature seule nous inspire des idées utiles qui précedent toutes nos réflexions. Il en est de même dans la morale. Nous avons tous deux sentiments qui sont le fondement de la société, la commisération & la justice. Qu'un enfant voie déchirer son semblable, il éprouvera des angoisses subites, il les témoignera par ses cris & par ses larmes, il secourera s'il peut celui qui souffre.

Demandez à un enfant sans éducation, qui commencera à raisonner & à parler, si le grain qu'un homme a semé dans son champ lui appartient, & si le voleur qui en a tué le propriétaire, a un droit légitime sur ce grain, vous verrez si l'enfant ne répondra pas comme tous les Législateurs de la terre.

Dieu nous a donné un principe de raison universelle, comme il a donné des plumes aux oiseaux, & la fourure aux ours; & ce principe est si constant qu'il subsiste malgré toutes les passions qui le combattent, malgré les tyrans qui veulent le noyer dans le sang, malgré les imposteurs qui veulent l'anéantir dans la superstition. C'est ce qui fait que le peuple le plus grossier juge toujours très-bien à la longue des loix qui le gouvernent, parce qu'il sent si ces loix sont conformes ou opposées aux principes de commisération & de justice qui sont dans son cœur.

Mais avant d'en venir à former une société nombreuse, un peuple, une nation, il faut un langage, & c'est le plus difficile. Sans le don de l'imitation on n'y serait jamais parvenu. On aura sans doute commencé par des cris qui auront exprimé les premiers besoins ; ensuite les hommes les plus ingénieux, nés avec les organes les plus flexibles, auront formé quelques articulations que leurs enfants auront répétées ; les meres sur-tout auront dénoué leurs langues les premieres. Tout idiôme commençant aura été composé de monosyllabes, comme plus aisé à former & à retenir.

Nous voyons en effet que les nations les plus anciennes, qui ont conservé quelque chose de leur premier langage, expriment encore par des monosyllabes les choses les plus familieres, & qui tombent le plus sous nos sens : presque tout le Chinois est fondé encore aujourd'hui sur des monosyllabes.

Consultez l'ancien Tudesque, & tous les idiômes du Nord; vous verrez à peine une chose nécessaire & commune, exprimée par plus d'une articulation. Tout est monosyllabe ; *zon*, le soleil ; *moun*, la lune ; *zé*, la mer; *flus*, fleuve ; *man*, l'homme ; *hof*, la tête ; *boum*, un arbre ; *drink*, boire; *march*, marcher; *shlaf*, dormir, &c.

C'est avec cette briéveté qu'on s'exprimait dans les forêts des Gaules & de la Germanie, & de tout le Septentrion. Les Grecs &

les Romains n'eurent des mots plus composés que long-temps après s'être réunis en corps de peuple.

Mais par quelle sagacité avons-nous pu marquer les différences des temps? Comment aurons-nous pu exprimer les nuances *je voudrais*, *j'aurais voulu*, les choses positives, les choses conditionnelles? Ce ne peut être que chez les nations déja les plus policées, qu'on soit parvenu avec le temps à rendre sensibles, par des mots composés, ces opérations secrettes de l'esprit humain. Aussi voit-on que chez les Barbares il n'y a que deux ou trois temps. Les Hébreux n'exprimaient que le présent & le futur. Et enfin, malgré tous les efforts des hommes, il n'est aucun langage qui approche de la perfection.

CHAPITRE VIII.

DE L'AMÉRIQUE.

SE peut-il qu'on demande encore d'où sont venus les hommes qui ont peuplé l'Amérique? On doit assurément faire la même question sur les nations des Terres Australes. Elles sont beaucoup plus éloignées du Port dont parle Christophe Colomb que ne le sont les Isles Antilles. On a trouvé des hommes & des animaux par-tout où la terre est habitable; qui les y a mis? On l'a déja dit, c'est celui qui fait croître l'herbe des champs ; & on ne devait pas être plus surpris de trouver en Amérique des hommes que des mouches.

Il est assez plaisant que le Jésuite Lafiteau prétende dans sa Préface de l'Histoire des Sauvages Américains, qu'il n'y a que des athées qui puissent dire que Dieu a créés les Américains.

On grave encore aujourd'hui des cartes de l'ancien monde, où l'Amérique paraît sous le nom d'Isle Atlantique. Les Isles du Cap-Verd y sont sous le nom des Gorgades, les Caraïbes sous celui des Hespérides. Tout cela n'est pourtant fondé que sur l'ancienne découverte des Isles Canaries, & probablement de celles de Madere, où les Phéniciens & les Carthaginois voyagerent ; elles touchent presque à l'Afrique, & peut-être en étaient-elles moins éloignées dans les anciens temps qu'aujourd'hui.

Laissons le Pere Lafiteau faire venir les Caraïbes des peuples de Carie, à cause de la conformité du nom, & sur-tout, parce que les femmes Caraïbes faisaient la cuisine de leurs maris, ainsi que les femmes Cariennes ; laissons-le supposer que les Caraïbes ne naissent rouges, & les Negresses noires, qu'à cause de l'habitude de leurs premiers peres de se peindre en noir ou en rouge.

Il arriva, dit-il, que les Negresses voyant leurs maris teint en noir en eurent l'imagination si frappée que leur race s'en ressentit pour jamais. La même chose arriva aux femmes Caraïbes, qui par la même force d'imagination accoucherent d'enfants rouges. Il rapporte l'exemple des brebis de Jacob, qui nâquirent bigarrées, par l'adresse qu'avait eu ce Patriarche de mettre devant leurs yeux des branches dont la moitié était écorcée ; ces branches paraissant à peu près de deux couleurs, donnerent aussi deux couleurs aux agneaux du Patriarche. Mais le Jésuite devait savoir que tout ce qui arrivait du temps de Jacob, n'arrive plus aujourd'hui.

Si on avait demandé au gendre de Laban, pourquoi ses brebis, voyant toujours de l'herbe, ne faisoient pas des agneaux verds, il aurait été bien embarrassé.

Enfin Lafiteau fait venir les Américains des anciens Grecs, & voici ses raisons. Les Grecs avoient des fables, quelques Américains en ont aussi. Les premiers Grecs alloient à la chasse, les Américains y vont. Les premiers Grecs avaient des oracles, les Américains ont des forciers. On dansait dans les fêtes de la Grece, on danse en Amérique. Il faut avouer que ces raisons sont convaincantes.

On peut faire sur les nations du nouveau monde une réflexion que le Pere Lafiteau n'a point faite, c'est que les peuples éloignés des Tropiques, ont toujours été invincibles, & que les peuples plus rapprochés des Tropiques, ont presque tous été soumis à des Monarques. Il en fut long-temps de même dans notre Continent. Mais on ne voit point que les peuples du Canada soient allés jamais subjuguer le Mexique, comme les Tartares se sont répandus dans l'Asie & dans l'Europe. Il paraît que les Canadiens ne furent jamais en assez grand nombre pour envoyer ailleurs des Colonies.

En général, l'Amérique n'a jamais pu être aussi peuplée que l'Europe & l'Asie; elle est couverte de marécages immenses, qui rendent l'air très-mal-sain; la terre y produit un nombre prodigieux de poisons : les fleches trempées dans les sucs de ces herbes venimeuses, font des plaies toujours mortelles. La nature enfin avait donné aux Américains beaucoup moins d'industrie qu'aux hommes de l'ancien monde. Toutes ces causes ensemble ont pu nuire beaucoup à la population

Parmi toutes les observations physiques qu'on peut faire sur cette quatrieme partie de notre univers si long-temps inconnue, la plus singuliere peut-être, c'est qu'on n'y trouve qu'un seul peuple qui ait de la barbe; ce sont les Esquimaux; ils habitent au Nord vers le cinquante-deuxieme degré, où le froid est plus vif qu'au soixante-sixieme de notre Continent. Leurs voisins sont imberbes. Voilà donc deux races d'hommes absolument différentes, à côté l'une de l'autre.

Vers l'Isthme de Panama est la race des Dariens, presque semblable aux Albinos, qui fuit la lumiere, & qui végete dans des cavernes; race faible, & par conséquent en très-petit nombre.

Les lions en Amérique sont chétifs & poltrons; les moutons y sont grands & si vigoureux qu'ils servent à porter les fardeaux.

Tous les fleuves y sont dix fois au moins plus larges que les nôtres. Enfin, les productions naturelles de la terre ne sont pas celles de notre hémisphere. Ainsi tout est varié; & la même Providence qui a produit l'éléphant, le rhinocéros & les Negres, a fait naître dans un autre monde des origans, des contours, des porcs qui ont le nombril sur le dos, & des hommes d'un caractere qui n'est pas le nôtre.

CHAPITRE IX.
DE LA THÉOCRATIE.

IL semble que la plupart des anciennes nations aient été gouvernées par une espece de théocratie. Commencez par l'Inde, vous y voyez les Brames long-temps souverains; en Perse les Mages ont la plus grande autorité. L'histoire des oreilles de Smerdis peut bien être une fable, mais il en résulte toujours que c'était un Mage qui était sur le Trône de Cyrus. Plusieurs Prêtres d'Égypte prescrivaient aux Rois jusqu'à la mesure de leur boire & de leur manger, élevaient leur enfance, & les jugeaient après leur mort, & souvent se faisoient Rois eux-mêmes.

Si nous descendons aux Grecs, leur histoire, toute fabuleuse qu'elle est, ne nous apprend-elle pas que le Prophète Calcas avait assez de pouvoir dans l'armée pour sacrifier la fille du Roi des Rois.

Descendez encore plus bas chez des nations sauvages postérieures aux Grecs ; les Druides gouvernaient la nation Gauloise.

Il ne paraît pas même possible que dans les premieres peuplades on ait eu d'autre gouvernement que la Théocratie : car dès qu'une nation a choisi un Dieu tutélaire, ce Dieu a des Prêtres. Ces Prêtres dominent sur l'esprit de la nation ; ils ne peuvent dominer qu'au nom de leur Dieu ; ils le font donc toujours parler ; ils débitent ses oracles, & c'est par un ordre exprès de Dieu que tout s'exécute.

C'est de cette source que sont venus les sacrifices de sang humain qui ont souillé presque toute la terre. Quel pere, quelle mere aurait jamais pu abjurer la nature au point de présenter son fils ou sa fille à un Prêtre pour être égorgés sur un autel, si on n'avait pas été certain que le Dieu du païs ordonnait ce sacrifice ?

Non-seulement la théocratie a long-temps regné, mais elle a poussé la tyrannie au plus horrible excès où la démence humaine puisse parvenir ; & plus ce gouvernement se disait divin, plus il était abominable.

Presque tous les peuples ont sacrifié des enfants à leurs Dieux ; donc ils croyaient recevoir cet ordre dénaturé de la bouche des Dieux qu'ils adoraient.

Parmi les peuples qu'on appelle si improprement civilisés, je ne vois guere que les Chinois qui n'aient pas pratiqué ces horreurs absurdes. La Chine est le seul des anciens

États connus qui n'ait pas été soumis au Sacerdoce; car les Japonois étaient sous les loix d'un Prêtre six cents ans avant notre Ére. Presque par-tout ailleurs la théocratie est si établie, si enracinée, que les premieres histoires sont celles des Dieux mêmes qui se sont incarnés pour venir gouverner les hommes. Les Dieux, disaient les peuples de Thebes & de Memphis, ont regné douze mille ans en Égypte. Brama s'incarna pour regner dans l'Inde; Sammonocodom à Siam; le Dieu Adad gouverna la Sirie; la Déesse Cibele avait été Souveraine de Phrigie, Jupiter de Crete, Saturne de Grece & d'Italie. Le même esprit préside à toutes ces fables; c'est par-tout une confuse idée chez les hommes que les Dieux sont autrefois descendus sur la terre.

CHAPITRE X.
DES CALDÉENS.

LEs Caldéens, les Indiens, les Chinois, me paraissent les nations les plus anciennement policées. Nous avons une époque certaine de la science des Caldéens; elle se trouve dans les dix-neuf cents trois ans d'observations célestes, envoyées de Babilone par Callistene au précepteur d'Alexandre. Ces tables astronomiques remontent précisément à l'année 2234 avant notre Ére vulgaire. Il est vrai que cette époque touche au temps où la Vulgate place le Déluge. Mais n'entrons point ici dans les profondeurs des différentes chronologies de la Vulgate, des Samaritains & des Septante, que nous révérons également. Le Déluge universel est un grand miracle, qui n'a rien de commun avec nos recherches. Nous ne raisonnons ici que d'après les notions naturelles, en soumettant toujours les faibles tâtonnements de notre esprit borné aux lumieres d'un ordre supérieur.

D'anciens Auteurs cités dans Georges le Sincelle, disent que du temps d'un Roi Caldéen, nommé *Xixoutrou*, il y eut une terrible inondation. Le Tigre & l'Euphrate se débordèrent apparemment plus qu'à l'ordinaire. Mais les Caldéens n'auraient pu savoir que par la révélation qu'un pareil fléau eût submergé toute la terre habitable. Encore une fois je n'examine ici que le cours ordinaire de la nature.

Il est clair que si les Caldéens n'avaient existé sur la terre que depuis dix-neuf cents années avant notre Ère, ce court espace ne leur eut pas suffi pour trouver le véritable système de notre univers; notion étonnante, à laquelle les Caldéens étaient enfin parvenus. Aristarque de Samos nous apprend que les Sages de Caldée avaient connu combien il est impossible que la terre occupe le centre du monde planétaire; qu'ils avaient assigné au soleil cette place qui lui appartient; qu'ils faisoient rouler la terre & les autres planetes autour de lui, chacune dans un orbe différent.

Les progrès de l'esprit sont si lents, l'illusion des yeux est si puissante, l'asservissement aux idées reçues si tyrannique, qu il n'est pas possible qu'un peuple qui n'aurait eu que dix-neuf cents ans eût pu parvenir à ce haut degré de Philosophie qui contredit les yeux, & qui demande la théorie la plus approfondie. Aussi les Caldéens comptaient quatre cents soixante & dix mille ans. Encore cette connaissance du vrai système du monde ne fut en Caldée que le partage du petit nombre des Philosophes. C'est le sort de toutes les grandes vérités; & les Grecs qui vinrent ensuite, n'adopterent que le système commun, qui est le système des enfants..

* Quatre cents soixante & dix mille ans,

---

* Notre sainte Religion si superieure en tout à nos lumieres, nous apprend que le monde n'est fait que depuis environ six mille années selon la Vulgate, ou environ sept mille suivant les Septante. Les interpretes de cette Religion ineffable nous enseignent qu'Adam eut la science infuse, & que tous les arts se perpétuerent d'Adam à Noé. Si c'est là en effet le sentiment de l'Église, nous l'adoptons d'une foi ferme & constante, soumettant d'ailleurs tout ce que nous écrivons au jugement de cette sainte Église qui est infaillible. C'est vainement que l'Empereur Julien, d'ailleurs si respectable par sa vertu, sa valeur, & sa science, dit dans son discours censuré par le grand & modéré St Cirille, que soit qu'Adam eut la science infuse, ou non, Dieu ne pouvait lui ordonner de ne point toucher à l'arbre de la science du bien & du mal, que Dieu devait au contraire lui commander de manger beaucoup de fruits de cet arbre, afin de se perfectionner dans la science infuse s'il l'avait, & de l'acquérir s'il ne l'avait pas. On sait avec quelle sagesse St Cirille a réfuté cet argument. En un mot, nous prévenons c'est beaucoup pour nous autres, qui sommes d'hier; mais c'est bien peu de choses pour l'univers entier. Je sais bien que nous ne pouvons adopter ce calcul, que Cicéron s'en est moqué, qu'il est exorbitant, & que sur-tout nous devons croire au Pentateuque plutôt qu'à Sanchoniaton & à Bérose; mais encore une fois, il est impossible (humainement parlant) que les hommes soient parvenus en dix-neuf cents ans à deviner de si étonnantes vérités. Le premier art est celui de pourvoir à sa subsistance, ce qui était autrefois beaucoup plus difficile aux hommes qu'aux brutes. Le second, de former un langage; ce qui certainement demande une espace de temps très-considérable. Le troisieme, de se bâtir quelques huttes. Le quatrieme, de se vêtir. Ensuite pour forger le fer, ou pour y suppléer, il faut tant de hasards heureux, tant d'industrie, tant de siecles, qu'on n'imagine pas même comment les hommes en sont venus à bout. Quel saut de cet état à l'Astronomie!

Long-temps les Caldéens graverent leurs observations & leurs loix sur la brique, en hiérogliphes, qui étaient des caracteres parlants, usage que les Égyptiens connurent après plusieurs siecles. L'art de transmettre ses pensées par des caracteres alphabétiques,

---

toujours le lecteur que nous ne touchons en aucune maniere aux choses sacrées. Nous protestons contre toutes les fausses interprétations, contre toutes les inductions malignes que l'on voudrait tirer de nos paroles.

ne dut être inventé que très-tard dans cette partie de l'Asie.

Il est à croire qu'au temps où les Caldéens bâtirent des Villes, ils commencerent à se servir de l'alphabet. Comment faisait-on auparavant ? Dira-t-on ; comme on fait dans mon village, & dans cent mille villages du monde, où personne ne sait ni lire ni écrire, & cependant où l'on s'entend fort bien, où les arts nécessaires sont cultivés, & même quelquefois avec génie.

Babilone était probablement une très-ancienne bourgade avant qu'on en eut fait une Ville immense & superbe. Mais qui a bâti cette Ville ? Je n'en sais rien. Est-ce Sémiramis ? Est-ce Belus ? Est-ce Nabonassar ? Il n'y a jamais eu dans l'Asie ni de femme appellée Sémiramis, ni d'homme appellé Bélus. C'est comme si nous donnions à des Villes Grecques les noms d'Armagnac & d'Abbeville. Les Grecs qui changerent toutes les terminaisons barbares en mots Grecs, dénaturerent tous les noms Asiatiques. De plus, l'Histoire de Sémiramis ressemble en tout aux contes orientaux.

Nabonassar, ou plutôt Nabon-assor, est probablement celui qui embellit & fortifia Babilone, & en fit à la fin une Ville si superbe. Celui-là est un véritable Monarque, connu dans l'Asie par l'ére qui porte son nom. Cette ére incontestable ne commence que 747 ans avant la nôtre : ainsi elle est très-moderne par rapport au nombre des siecles nécessaires pour arriver jusqu'à l'établissement des grandes dominations. Il paraît par le nom même de Babilone, qu'elle exiſtait long-temps avant Nabonaſſar. C'eſt la Ville du pere *Bel*. *Bab* ſignifie *pere* en Caldéen, comme l'avoue d'Herbelot. *Bel* eſt le nom du Seigneur. Les Orientaux ne la connurent jamais que ſous le nom de Babel, la ville du Seigneur, la ville de Dieu, ou ſelon d'autres, la porte de Dieu.

Il n'y a pas eu plus de Ninus fondateur de Ninvah, nommée par nous Ninive, que de Bélus fondateur de Babilone. Nul prince Aſiatique ne porta un nom en *us*.

Il ſe peut que la circonférence de Babilone ait été de 24 de nos lieues moyennes; mais qu'un Ninus ait bâti ſur le Tigre à quarante lieues ſeulement de Babilone, une ville appellée Ninive, d'une étendue, auſſi grande, c'eſt ce qui ne paraît pas croyable. On nous parle de trois puiſſants Empires qui ſubſiſtaient à la fois, celui de Babilone, celui d'Aſſirie ou de Ninive, & celui de Sirie ou de Damas. La choſe eſt peu vraiſemblable, c'eſt comme ſi on diſait qu'il y avait à la fois dans une partie de la Gaule trois puiſſants Empires, dont les Capitales, Paris, Soiſſons & Orléans, avaient chacune vingt-quatre lieues de tour. D'ailleurs Ninive n'était pas bâtie, ou du moins était fort peu de choſe au temps où il eſt dit que le Prophete Jonas lui fut député pour l'exhorter à la pénitence, & fut englouti en chemin par un poiſſon qui le garda trois jours & trois nuits.

Le prétendu Empire d'Aſſirie n'exiſtait pas

même encore dans le temps où l'on place Jonas; car il prophétisait, dit-on, sous le Melk ou Roitelet Juif Joas; & Phul qui est regardé dans les livres Hébreux comme le premier Roi d'Assirie, ne regna selon eux qu'environ cinquante-deux ans après la mort de Joas. C'est ainsi qu'en confrontant toutes les dates on trouve par-tout de la contradiction, & on demeure dans l'incertitude.

Il est dit dans le livre de Jonas qu'il y avait à Ninive cent vingt mille enfants nouveaux nés; cela supposerait plus de cinq millions d'habitants, selon le calcul assez juste de nos dénombrements, fondés sur le nombre des enfants vivants, nés dans la même année. Or cinq millions d'habitants dans une ville qui n'est pas encore bâtie, sont quelque chose d'assez rare.

J'avoue que je ne comprens rien aux deux Empires de Babilone & d'Assirie. Plusieurs Savants qui ont voulu porter quelques lumieres dans ces ténebres, ont affirmé que l'Assirie & la Caldée n'étaient que le même Empire, gouverné quelquefois par deux Princes, l'un résidant à Babilone, l'autre à Ninive; & ce sentiment raisonnable peut être adopté, jusqu'à ce qu'on en trouve un plus raisonnable encore.

Ce qui contribue à jetter une grande vraisemblance sur l'antiquité de cette nation, c'est cette fameuse Tour élevée pour observer les astres. Presque tous les commentateurs ne pouvant contester ce monument, se croyent obligés de supposer que c'était un reste de la

Tour de Babel, que les hommes voulurent élever jusqu'au Ciel. On ne sait pas trop ce que les commentateurs entendent par le Ciel ; est-ce la Lune ? Est-ce la planete de Venus ? il y a loin d'ici là.

Quoi qu'il en soit, si Nabonassar éleva cet édifice pour servir d'observatoire, il faut au moins avouer que les Caldéens eurent un observatoire plus de deux mille quatre cents ans avant nous. Concevez ensuite combien de siecles exige la lenteur de l'esprit humain, pour en venir jusqu'à dresser un tel monument aux sciences.

Ce fut en Caldée, & non en Égypte, qu'on inventa le Zodiaque. Il y en a, ce me semble, trois preuves assez fortes, la premiere que les Caldéens furent une nation éclairée, avant que l'Égypte, toujours inondée par le Nil, pût être habitable ; la seconde, que les signes du Zodiaque conviennent au climat de la Mésopotamie, & non à celui d'Égypte. Les Égyptiens ne pouvaient avoir le signe du Taureau au mois d'Avril, puisque ce n'est pas en cette saison qu'ils labourent, ils ne pouvaient au mois que nous nommons *Août*, figurer un signe par une fille chargée d'épics de bled, puisque ce n'est pas en ce temps qu'il font la moisson. Ils ne pouvaient figurer Février par une cruche d'eau, puisqu'il pleut très-rarement en Égypte, & jamais au mois de Janvier. La troisieme raison, c'est que les signes anciens du Zodiaque Caldéen étaient un des articles de leur religion. Ils étaient sous le gouvernement de douze

douze Dieux secondaires, douze Dieux médiateurs : chacun d'eux présidait à une de ces constellations, ainsi que nous l'apprend Diodore de Sicile. (livre II) Cette religion des anciens Caldéens était le Sabisme, c'est-à-dire, l'adoration d'un Dieu suprême, & la vénération des astres & des intelligences célestes qui présidaient aux astres. Quand ils priaient, ils se tournaient vers l'étoile du Nord tant leur culte était lié à l'astronomie.

Vitruve dans son neuvieme livre, où il traite des cadrans solaires, des hauteurs du soleil, de la longueur des ombres, de la lumiere réfléchie par la lune, cite toujours les anciens Caldéens, & non les Égyptiens. C'est, ce me semble, une preuve assez forte qu'on regardait la Caldée, & non pas l'Égypte, comme le berceau de cette science ; de sorte que rien n'est plus vrai que cet ancien proverbe latin :

Tradidit Ægyptis Babylon Ægyptus Achivis.

CHAPITRE XI.

Des Babiloniens devenus Persans.

A L'Orient de Babilone étaient les Perses. Ceux-ci porterent les armes & leur religion à Babilone, lorsque Koresh, que nous appellons Cyrus, prit cette Ville avec le secours des Medes établis au Nord de la Perse. Nous avons deux fables principales sur Cyrus, celle d'Hérodote, & celle de Xénophon, qui se contredisent en tout, & que mille Écrivains ont copiées indifféremment.

Hérodote suppose un Roi Mede, c'est-à-dire, un Roi d'Hircanie qu'il appelle Astyage d'un nom grec. Cet Hircanien Astyage commande de noyer son petit-fils Cyrus au berceau, parce qu'il a vu en songe sa fille Mandane, mere de Cyrus, *pisser si copieusement qu'elle inonda toute l'Asie*. Le reste de l'aventure est à peu près dans ce goût; c'est une histoire de Gargantua écrite sérieusement.

Xénophon fait de la vie de Cyrus un roman moral, à peu près semblable à notre Télémaque. Il commence par supposer, pour faire valoir l'éducation mâle & vigoureuse de son Héros, que les Medes étaient des voluptueux plongés dans la mollesse. Des habitants de l'Hircanie, que les Tartares alors nommés Scithes, avaient ravagée pendant trente années, étaient-ils des Sibarites ?

Tout ce qu'on peut assurer de Cyrus, c'est qu'il fut un grand conquérant, par conséquent un fléau de la terre. Le fonds de son histoire est très-vrai, les épisodes sont fabuleux : il en est ainsi de toute histoire.

Rome existait du temps de Cyrus : elle avait un territoire de quatre à cinq lieues, & pillait tant qu'elle pouvait ses voisins; mais je ne voudrais pas garantir le combat des trois Horaces, & l'aventure de Lucrece, & les boucliers descendus du ciel, & la pierre coupée avec un rasoir. Il y avait quelques Juifs esclaves dans la Babilonie & ailleurs ; mais humainement parlant on pourrait douter que l'Ange Raphaël fût descendu *du ciel* pour conduire à pied le jeune Tobie vers l'Hircanie, afin de le faire payer de quelque argent, & de chasser le diable Asmodée avec la fumée du foie d'un brochet.

Je me garderai bien d'examiner ici le roman d'Hérodote, ou le roman de Xénophon, concernant la vie & la mort de Cyrus ; mais je remarquerai que les Parsis ou Perses prétendaient avoir eu parmi eux, il y avait six mille ans, un ancien Zerdust, un Prophete, qui leur avait appris à être justes, & à révérer le soleil, comme les anciens Caldéens avaient révéré les étoiles en les observant.

Je me garderai bien d'affirmer que ces Perses & ces Caldéens fussent si justes, & de savoir précisément en quel temps vint leur second Zerdust qui rectifia le culte du Soleil, & qui leur apprit à n'adorer que le Dieu Auteur du soleil & des étoiles. Il écrivit ou commenta, dit-on, le livre du Zend, que les Parsis, dispersés aujourd'hui dans l'Asie, réverent comme leur bible : ce livre est peut-être le plus ancien du monde, après celui des cinq Kings des Chinois : il est écrit dans l'ancienne langue sacrée des Caldéens ; & Mr Hide qui nous a donné une traduction du Sadder, nous aurait procuré celle du Zend, s'il avait pu subvenir aux frais de cette recherche. Je m'en rapporte au moins au Sadder, à cet extrait du Zend qui est le catéchisme des Parsis. J'y vois que ces Parsis croyaient depuis long-temps un Dieu, un diable, une résurrection, un Paradis, un Enfer. Ils font les premiers, sans contredit, qui ont établi ces idées ; c'est le système le plus antique, & qui ne fut adopté par les autres nations qu'après bien des siecles, puisque les Pharisiens chez les Juifs ne soutinrent hautement l'immortalité de l'ame, & le dogme des peines & des récompenses après la mort, que vers le temps d'Hérode.

Voilà peut-être ce qu'il y a de plus important dans l'ancienne histoire du monde. Voilà une religion utile, établie sur le dogme de l'immortalité de l'ame, & sur la connaissance de l'Être Créateur. Ne cessons de remarquer par combien de degrés il fallût que l'esprit humain passât pour concevoir un tel système. Remarquons encore que le baptême, l'immersion dans l'eau pour purifier l'ame par le corps, est un des préceptes du Zend. (p. 251.) La source de tous les rites est venue peut-être des Persans & des Caldéens jusqu'aux extrémités de l'Occident.

Je n'examine point ici pourquoi & comment les Babiloniens eurent des Dieux secondaires en reconnaissant un Dieu souverain. Ce système, ou plutôt ce cahos, fut celui de toutes les nations, excepté des Tribunaux de la Chine. On trouve presque par-tout l'extrême folie jointe à un peu de sagesse dans les loix, dans les cultes, dans les usages. L'instinct plus que la raison conduit le genre humain. On adore en tous lieux la Divinité, & on la deshonore. Les Perses révérerent des statues dès qu'ils purent avoir des Sculpteurs; tout en est plein dans les ruines de Persépolis; mais aussi on voit dans ces figures les simboles de l'immortalité, on voit des têtes qui s'envolent au ciel avec des ailes, simboles de l'émigration d'une vie passagere à la vie immortelle.

Passons aux usages purement humains. Je m'étonne qu'Hérodote ait dit devant toute la Grece dans son premier livre, que toutes les Babiloniennes étaient obligées par la loi de se prostituer au moins une fois dans leur vie aux étrangers, dans le temple de Milita ou Vénus. Je m'étonne encore plus que dans toutes les histoires faites pour l'instruction de la jeunesse, on renouvelle aujourd'hui ce conte. Certes ce devait être une belle fête & une belle dévotion, que de voir accourir dans une Église des marchands de chameaux, de chevaux, de bœufs & d'ânes, & de les voir descendre de leurs montures pour coucher devant l'Autel avec les principales Dames de la Ville. De bonne foi, cette infamie peut-elle être dans le caractere d'un peuple policé? Est-il possible que les Magistrats d'une des plus grandes Villes du monde aient établi une telle police? Que les maris aient consenti de prostituer leurs femmes? Que tous les peres aient abandonné leurs filles aux palfreniers de l'Asie? Ce qui n'est pas dans la nature n'est jamais vrai. J'aimerais autant croire Dion Cassius, qui assure que les graves Sénateurs de Rome proposerent un décret par lequel César, âgé de cinquante-sept ans, aurait le droit de jouir de toutes les femmes qu'ils voudrait.

Ceux qui en compilant aujourd'hui l'histoire ancienne, copient tant d'Auteurs sans en examiner aucun, n'auraient-ils pas dû s'appercevoir ou qu'Hérodote débitait des fables, ou plutôt que son texte était corrompu, & qu'il ne voulait parler que des courtisannes établies dans toutes les grandes Villes, & qui même attendaient les passants sur les chemins.

Je ne croirai pas davantage Sextus Empiricus, qui prétend que chez les Perses la pédérastie était ordonnée. Quelle pitié ! Comment imaginer que les hommes eussent fait une loi, qui, si elle avait été exécutée, aurait détruit la race des hommes ? La pédérastie au contraire était expressément défendue dans le livre du Zend, & c'est ce qu'on voit dans l'abrégé du Sadder, où il est dit, (porte 9) *qu'il n'y a point de plus grand péché.*

Strabon dit que les Perses épousaient leurs meres ; mais quels sont ses garants ? Des oui-dire, des bruits vagues. Cela put fournir une épigramme à Catulle : *Nam magnus ex matre & nato nascatur oportet.* Tout Mage doit naître de l'inceste d'une mere & d'un fils. Une telle loi n'est pas croyable ; une épigramme n'est pas une preuve. Si on n'avait pas trouvé des meres qui voulussent coucher avec leurs fils, il n'y aurait donc point eu de Prêtres chez les Perses. La religion des Mages, dont le grand objet était la population, devait plutôt permettre aux peres de s'unir à leurs filles, qu'aux meres de coucher avec leurs enfants, puisqu'un vieillard peut engendrer, & qu'une vieille n'a pas cet avantage.

En un mot, en lisant toute histoire, soyons en garde contre toute fable.

CHAPITRE XII.

DE LA SIRIE.

JE vois par-tout les monuments qui nous restent, que la Contrée qui s'étend depuis Alexandrette ou Scanderon, jusqu'auprès de Bagdat, fut nommée toujours Sirie, que l'alphabet de ces peuples fut toujours Siriaque, que c'est là que furent les anciennes villes de Zobah, de Balbek, de Damas, & depuis celles d'Antioche, de Séleucie, de Palmire. Balk était si ancienne que les Perses prétendent que leur Brame ou Abraham était venu de Balk chez eux. Où pouvait donc être ce puissant Empire d'Assirie dont on a tant parlé, si ce n'est dans le pays des fables ?

Les Gaules tantôt s'étendirent jusqu'au Rhin, tantôt furent plus resserrées ; mais qui jamais imagina de placer un vaste Empire entre le Rhin & les Gaules ? Qu'on ait appellé les nations voisines de l'Euphrate *Assiriennes*, quand elles se furent étendues vers Damas ; & qu'on ait appellé *Assiriens* les peuples de Sirie, quand ils s'approcherent de l'Euphrate? C'est là où se peut réduire la difficulté. Toutes les nations voisines se sont mêlées, toutes ont été en guerre, & ont changé de limites. Mais lorsqu'une fois il s'est élevé des Villes Capitales, ces Villes établissent une différence marquée entre deux nations. Ainsi les Babiloniens ou vainqueurs ou vaincus, furent toujours différents des peuples de Sirie. Les anciens caracteres de la langue Siriaque, ne furent point ceux des anciens Caldéens.

Le culte, les superstitions, les loix, bonnes ou mauvaises, les usages bizarres ne furent point les mêmes. La Déesse de Sirie si ancienne n'avait aucun rapport avec le culte des Caldéens. Les Mages Caldéens, Babiloniens, Persans, ne se firent jamais eunuques comme les Prêtres de la Déesse de Sirie; chose étrange, les Siriens révéraient la figure de ce que nous appellons *Priape*, & les Prêtres se dépouillaient de leur virilité !

Ce renoncement à la génération ne prouve-t-il pas une grande antiquité, une population considérable ? Il n'est pas possible qu'on eut voulu attenter ainsi contre la nature dans un pays où l'espece aurait été rare.

Les Prêtres de Cibele en Phrigie se rendaient eunuques comme ceux de Sirie. Encore une fois, peut-on douter que ce ne fut l'effet de l'ancienne coutume de sacrifier aux Dieux ce qu'on avait de plus cher, & de ne se point exposer devant des êtres qu'on croyait purs, aux accidents de ce qu'on croyait impureté ? Peut-on s'étonner après de tels sacrifices de celui que l'on faisait de son prépuce chez d'autres peuples, & de l'amputation d'un testicule chez des nations Africaines ? Les fables d'Atis & de Combabus ne sont que des fables, comme celle de Jupiter qui rendit eunuque Saturne son pere. La superstition invente des usages ridicules, & l'esprit romanesque en invente des raisons absurdes.

Ce que je remarquerai encore des anciens Siriens, c'est que la Ville qui fut depuis nommée la Ville sainte, & Hiérapolis par les Grecs, était nommée par les Siriens *Magog*. Ce mot *Mag* a un grand rapport avec les anciens Mages ; il semble commun à tous ceux qui dans ces climats étaient consacrés au service de la Divinité. Chaque peuple eut une Ville sainte. Nous savons que Thebes en Égypte était la Ville de Dieu, Babilone la Ville de Dieu, Apamée en Phrigie était aussi la Ville de Dieu.

Les Hébreux long-temps après, parlent des peuples de Gog & de Magog ; ils pouvaient entendre par ces noms les peuples de l'Euphrate & de l'Oronte : ils pouvaient entendre aussi les Scithes qui vinrent ravager l'Asie avant Cyrus, & qui dévasterent la Phénicie. Mais il importe fort peu de savoir quelle idée passait par la tête d'un Juif quand il prononçait Magog ou Gog.

Au reste, je ne balance pas à croire les Siriens beaucoup plus anciens que les Égyptiens, par la raison évidente, que les pays les plus aisés à cultiver, sont nécessairement les premiers peuplés, & les premiers floriſſants.

CHAPITRE XIII.

Des Phéniciens, et de Sanchoniaton.

Les Phéniciens ſont probablement raſſemblés en corps de peuple auſſi anciennement que les autres habitants de la Sirie. Ils peuvent être moins anciens que les Caldéens, parce que leur pays eſt moins fertile. Sidon, Tyr, Joppé, Berith, Aſcalon, ſont des terreins ingrats. Le commerce maritime a toujours été la derniere reſſource des peuples. On a commencé par cultiver ſa terre avant de bâtir des vaiſſeaux pour en aller chercher de nouvelles au-delà des mers. Mais ceux qui ſont forcés de s'adonner au commerce maritime ont bientôt cette induſtrie, fille du beſoin qui n'éguillone point les autres nations. Il n'eſt parlé d'aucune entrepriſe maritime, ni des Caldéens, ni des Indiens. Les Égyptiens même avaient la mer en horreur, la mer était leur Typhon, un être malfaiſant, & c'eſt ce qui fait révoquer en doute les quatre cents vaiſſeaux équipés par Séſoſtris pour aller conquérir l'Inde. Mais les entrepriſes des Phéniciens ſont réelles. Carthage & Cadix fondées par eux, l'Angleterre découverte, leur commerce aux Indes par Éziongaber, leurs manufactures d'étoffes précieufes, leur art de teindre en pourpre, font des témoignages de leur habileté, & cette habileté fit leur grandeur.

Les Phéniciens furent dans l'antiquité ce qu'étaient les Vénitiens au quinzieme fiecle, & ce que font devenus depuis les Hollandais, forcés de s'enrichir par leur induftrie.

Le commerce exigeait néceffairement qu'on eut des regiftres qui tinffent lieu de nos livres de compte, avec des fignes aifés & durables pour établir ces regiftres. L'opinion qui fait les Phéniciens auteurs de l'écriture alphabétique eft donc très-vraifemblable. Je n'affurerais pas qu'ils aient inventé de tels caracteres avant les Caldéens, mais leur alphabet fut certainement le plus complet & le plus utile, puifqu'ils peignirent les voyelles que les Caldéens n'exprimaient pas. Ce mot même *Alphabet*, compofé de leurs deux premiers caracteres, dépofe en faveur des Phéniciens.

Je ne vois point que les Égyptiens aient jamais communiqué leurs lettres, leur langue, à aucun peuple : au contraire, les Phéniciens tranfmirent leur langue & leur alphabet aux Carthaginois, qui les altérerent depuis. Leurs lettres devinrent celles des Grecs. Quel préjugé pour l'antiquité des Phéniciens !

Sanchoniaton Phénicien, qui écrivait longtemps avant la guerre de Troye, l'Hiftoire des premiers âges, & dont Eufebe nous a confervé quelques fragments, traduits par Philon de Biblos ; Sanchoniaton, dis-je, nous apprend que les Phéniciens avaient facrifié de temps immémorial aux éléments & aux vents, ce qui convient en effet à un peuple navigateur. Il voulut dans son Histoire s'élever jusqu'à l'origine des choses, comme tous les premiers Écrivains ; il eut la même ambition que les Auteurs du Zend & du Védam, la même qu'eurent Manéthon en Égypte & Hésiode en Grece.

Ce qui prouve la prodigieuse antiquité du livre de Sanchoniaton, c'est qu'on en lisait les premieres lignes dans les ministeres d'Isis & de Cerès, hommage que les Égyptiens & les Grecs n'eussent pas rendu à un Auteur étranger, s'il n'avait pas été regardé comme une des premieres sources des connoissances humaines.

Sanchoniaton n'écrivit rien de lui-même ; il consulta toutes les archives anciennes, & sur-tout le Prêtre Jerombal. Le nom de Sanchoniaton signifie en ancien Phénicien, *amateur de la vérité*. Porphyre, Théodoret, Eusebe l'avouent. La Phénicie était appellée *le pays des Archives, Kirjath Sepher*. Quand les Hébreux vinrent s'établir dans une partie de cette Contrée, ils lui rendirent ce témoignage, comme on le voit dans Josué & dans les Juges.

Jerombal, consulté par Sanchoniaton, était Prêtre du Dieu suprême, que les Phéniciens nommaient *Iaho Jehova*, nom réputé sacré, adopté chez les Égyptiens, comme chez les Juifs. On voit par les fragments de ce monument si antique, que Tyr existait depuis très-long-temps, quoiqu'elle ne fût pas parvenue encore à être une ville puissante.

Ce mot *El*, qui désignait Dieu chez les premiers Phéniciens, a quelque rapport à l'*Alla* des Arabes, & il est probable que de ce monosyllabe *El*, les Grecs composerent leur *Élios*. Mais ce qui est plus remarquable, c'est qu'on trouve chez les anciens Phéniciens le mot *Éloa*, *Éloim*, dont les Hébreux se servirent très-long-temps après, quand ils s'établirent dans le Canaan.

C'est de la Phénicie que les Juifs prirent tous les noms qu'ils donnerent à Dieu, *Éloa*, *Iaho*, *Adonaï*; cela ne peut être autrement, puisque les Juifs ne parlerent long-temps en Canaan que la langue Phénicienne.

Ce mot *Iaho*, ce nom ineffable chez les Juifs, & qu'ils ne prononçaient jamais, était si commun dans l'Orient, que Diodore dans son livre second, en parlant de ceux qui feignirent des entretiens avec les Dieux, dit que *Minos se vantait d'avoir communiqué avec le Dieu Zeus, Zamolxis avec la Déesse Vesta, & le Juif Moyse avec le Dieu Iaho*, &c.

Ce qui mérite sur-tout d'être observé, c'est que Sanchoniaton en rapportant l'ancienne Cosmologie de son pays, parle d'abord du cahos enveloppé d'un air ténébreux, *Chaut éreb*. L'Érebe, la nuit d'Hésiode, est prise du mot Phénicien qui s'est conservé chez les Grecs. Du cahos sortit *Muth* ou *Moth*, qui signifie la matiere. Or qui arrangea la matiere? C'est Col pi Iaho, l'Esprit de Dieu, le vent de Dieu, ou plutôt la bouche de Dieu, la voix de Dieu. C'est à la voix de Dieu que naquirent les animaux & les hommes.

Il est aisé de se convaincre que cette Cosmogonie est l'origine de presque toutes les autres. Le peuple le plus ancien est toujours imité par ceux qui viennent après lui ; ils apprennent sa langue, ils suivent une partie de ses rites, ils s'approprient ses antiquités & ses fables. Je sais combien toutes les origines Caldéennes, Siriennes, Phéniciennes, Égyptiennes & Grecques sont obscures. Quelle origine ne l'est pas ? Nous ne pouvons avoir rien de certain sur la formation du monde, que ce que le Créateur du monde aura daigné nous apprendre lui-même. Nous marchons avec sûreté jusqu'à certaines bornes : nous savons que Babilone existait avant Rome, que les Villes de Sirie étaient puissantes avant qu'on connût Jérusalem, qu'il y avait des Rois d'Égypte avant Jacob, avant Abraham ; nous savons quelles sociétés se sont établies les dernieres ; mais pour savoir précisément quel fut le premier peuple, il faut une révélation.

Au moins nous est-il permis de peser les probabilités & de nous servir de notre raison dans ce qui n'intéresse point nos dogmes sacrés supérieurs à toute raison.

Il est très-avéré que les Phéniciens occupaient depuis long-temps leur pays avant que les Hébreux s'y présentassent. Les Hébreux purent-ils apprendre la langue Phénicienne quand ils erraient loin de la Phénicie dans le défert au milieu de quelques hordes d'Arabes ?

La Langue Phénicienne peut-elle devenir le langage ordinaire des Hébreux, & purent-ils écrire dans cette langue du temps de Josué parmi des dévastations & des massacres continuels ? Les Hébreux après Josué devenus long-temps esclaves dans ce même pays qu'ils avaient mis à feu & à sang, n'apprirent-ils pas alors un peu de la langue de leurs maîtres, comme depuis ils apprirent un peu de Caldéen quand ils furent esclaves à Babilone ?

N'est-il pas de la plus grande vraisemblance qu'un peuple commerçant, industrieux, savant, établi de temps immémorial & qui passe pour l'inventeur des lettres, écrivit long-temps avant un peuple errant nouvellement établi dans son voisinage, sans aucune science, sans aucune industrie, sans aucun commerce, subsistant uniquement de rapines?

Peut-on nier sérieusement l'autenticité des fragments de Sanchoniaton conservés par Eusebe ? Ou peut-on imaginer avec le savant Huet que Sanchoniaton ait puisé chez Moyse ? Quand tout ce qui reste de monuments antiques nous avertit que Sanchoniaton vivait à peu près du temps de Moyse, nous ne décidons rien ; c'est au lecteur éclairé & judicieux à décider entre Huet & Vendale qui l'a refuté. nous cherchons la vérité & non la dispute.

CHAPITRE XIV.
DES SCITHES ET DES GOMERITES.

Laissons Gomer presqu'au sortir de l'arche, aller subjuguer les Gaules & les peupler en quelques années. Laissons aller Tubal en Espagne, & Magog dans le Nord de l'Allemagne, vers le temps où les fils de Cham faisaient une prodigieuse quantité d'enfants tout noirs vers la Guinée & le Congo. Ces impertinences dégoûtantes sont débitées dans tant de livres, que ce n'est pas la peine d'en parler. Les enfants commencent à en rire. Mais par quelle faiblesse, ou par quelle malignité secrette, ou par quelle affectation de montrer une éloquence déplacée, tant d'Historiens ont-ils fait de si grands éloges des Scithes qu'ils ne connaissaient pas ?

Pourquoi Quinte-Curce, en parlant des Scithes qui habitaient au Nord de la Sogdiane au-delà de l'Oxus, (qu'il prend pour le Tanaïs, qui en est à cinq cents lieues) pourquoi, dis-je, Quinte-Curce met-il une harangue philosophique dans la bouche de ces barbares ? Pourquoi, suppose-t-il qu'ils reprochent à Alexandre sa soif de conquérir ? Pourquoi leur fait-il dire qu'Alexandre est le plus fameux voleur de la terre, eux qui avaient exercé le brigandage dans toute l'Asie si long-temps avant lui ? Pourquoi enfin, Quinte-Curce peint-il ces Scithes comme les
plus

plus justes de tous les hommes? La raison en est que, comme il place le Tanaïs du côté de la mer Caspienne en mauvais Géographe, il parle du prétendu désintéressement des Scithes en déclamateur.

Si Horace en opposant les mœurs des Scithes à celles des Romains, fait en vers harmonieux le panégyrique de ces Barbares, s'il dit :

Campestres melius Scithæ
Quorum plaustra vagas rité trahunt domos
Vivunt & rigidi Getæ:
Voyez les habitants de l'affreuse Scithie
  Qui vivent sur des chars,
Avec plus d'innocence ils consument leur vie
  Que le peuple de Mars :

C'est qu'Horace parle en Poëte un peu satyrique, qui est bien aise d'élever des étrangers aux dépens de son pays.

C'est par la même raison que Tacite s'épuise à louer les Barbares Germains, qui pillaient les Gaules & qui immolaient des hommes à leurs abominables Dieux. Tacite, Quinte-Curce, Horace ressemblent à ces pédagogues qui pour donner de l'émulation à leurs disciples prodiguent en leur présence des louanges à des enfants étrangers, quelques grossiers qu'ils puissent être.

Les Scithes sont ces mêmes Barbares que nous avons depuis appellés Tartares, ce sont ceux-là même qui long-temps avant Alexandre avaient ravagé plusieurs fois l'Asie, & qui ont été les déprédateurs d'une grande partie du Continent. Tantôt sous le nom de Monguls ou de Huns, ils ont asservi la Chine & les Indes ; tantôt sous le nom de Turcs, ils ont chassé les Arabes qui avaient conquis une partie de l'Asie. C'est de ces vastes campagnes que partirent les Huns pour aller jusqu'à Rome. Voilà ces hommes désintéressés & justes, dont nos compilateurs vantent encore aujourd'hui l'équité quand ils copient Quinte-Curce. C'est ainsi qu'on nous accable d'histoires anciennes sans choix & sans jugement ; on les lit à peu près avec le même esprit qu'elles ont été faites, & on ne se met dans la tête que des erreurs.

Les Russes habitent aujourd'hui l'ancienne Scithie Européenne ; ce sont eux qui ont fourni à l'histoire des vérités bien étonnantes. Il y a eu sur la terre des révolutions qui ont plus frappé l'imagination ; il n'y en a pas une qui satisfasse autant l'esprit humain & qui lui fasse autant d'honneur. On a vu des conquérants & des dévastations ; mais qu'un seul homme ait en vingt années changé les mœurs, les loix, l'esprit du plus vaste Empire de la terre, que tous les arts soient venus en foule embellir des déserts, c'est là ce qui est admirable. Une femme qui ne savait ni lire ni écrire, perfectionna ce que Pierre le grand avait commencé. Une autre femme (Élisabeth) étendit encore ces nobles commencements. Une autre Impératrice encore, est allée plus loin que les deux autres ; son génie s'est communiqué à ses sujets ; les révolutions du Palais n'ont pas retardé d'un moment les progrès de la félicité de l'Empire. Et enfin, on a vu en un demi-siecle la Cour de Scithie plus éclairée que ne l'ont été jamais la Grece & Rome.

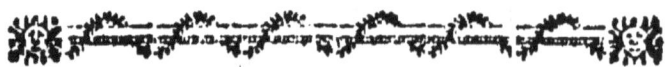

CHAPITRE XV.

DE L'ARABIE.

SI l'on est curieux de monuments tels que ceux de l'Égypte, je ne crois pas qu'on doive les chercher en Arabie. La Mecque fut, dit-on, bâtie vers le temps d'Abraham; mais elle est dans un terrein si sabloneux & si ingrat, qu'il n'y a pas d'apparence qu'elle ait été fondée avant celles qu'on éleva près des fleuves dans des Contrées fertiles. Plus de la moitié de l'Arabie est un vaste désert ou de sables, ou de pierres. Mais l'Arabie heureuse a mérité ce nom, en ce qu'étant environnée de solitudes & d'une mer orageuse, elle a été à l'abri de la rapacité des voleurs, appellés conquérants jusqu'à Mahomet, ou plutôt elle fut la compagne de ses victoires. Cet avantage est bien au-dessus de ses aromates, de son encens, de sa canelle qui est d'une espece médiocre, & même de son caffé qui fait aujourd'hui sa richesse.

L'Arabie déserte est ce pays malheureux habité par quelques Amalécites, Moabites, Madianites ; pays affreux, qui ne contient pas aujourd'hui neuf à dix mille Arabes errants & voleurs, & qui ne peut en nourrir

E ij

davantage. C'est dans ces mêmes déserts qu'il est dit que deux millions d'Hébreux passèrent quarante années. Ce n'est point la vraie Arabie, & ce pays est souvent appellé désert de Sirie.

L'Arabie pétrée n'est ainsi appellée que du nom de Petra, petite Forteresse, à qui sûrement les Arabes n'avaient pas donné ce nom, mais qui fut nommée ainsi par les Grecs vers le temps d'Alexandre. Cette Arabie pétrée est fort petite, & peut-être confondue, sans lui faire tort, avec l'Arabie déserte. L'une & l'autre ont toujours été habitées par des hordes vagabondes.

Pour cette vaste partie appellée heureuse, près de la moitié consiste aussi en déserts; mais quand on avance quelques milles dans les terres, soit à l'Orient de Moka, soit même à l'Orient de la Mecque, c'est alors qu'on trouve le pays le plus agréable de la terre. L'air y est parfumé, dans un été continuel, de l'odeur des plantes aromatiques que la nature y fait croître sans culture. Mille ruisseaux descendent des montagnes & entretiennent une fraîcheur perpétuelle, qui tempere l'ardeur du soleil sous des ombrages toujours verds.

C'est sur-tout dans ce pays que le mot de jardin, paradis, signifia la faveur celeste.

Les jardins de Saana vers Aden, furent plus fameux chez les Arabes, que ne le furent depuis ceux d'Alcinous chez les Grecs. Et cet Aden ou Eden était nommé le lieu des délices. On parle encore d'un ancien

Shedad, dont les jardins n'étaient pas moins renommés. La félicité dans ces climats brûlants était l'ombrage.

Ce vaste pays de l'Yemen est si beau, ses ports sont si heureusement situés sur l'Océan Indien, qu'on prétend qu'Alexandre voulut conquérir l'Yemen pour en faire le siege de son Empire, & y établir l'entrepôt du commerce du monde. Il eut entretenu l'ancien canal des Rois d'Égypte, qui joignait le Nil à la mer rouge; & tous les trésors de l'Inde auraient passé d'Aden ou d'Éden, à sa Ville d'Alexandrie. Une telle entreprise ne ressemble pas à ces fables insipides & absurdes dont toute histoire ancienne est remplie. Il eut fallu à la vérité subjuguer toute l'Arabie. Si quelqu'un le pouvait, c'était Alexandre. Mais il paraît que ces peuples ne le craignirent point; ils ne lui envoyerent pas même des députés quand il tenait sous le joug l'Égypte & la Perse.

Les Arabes défendus par leurs déserts & par leur courage, n'ont jamais subi le joug étranger. Trajan ne conquit qu'un peu de l'Arabie pétrée. Aujourd'hui même ils bravent la puissance du Turc. Ce grand peuple a toujours été aussi libre que les Scithes, & plus civilisés qu'eux.

Il faut bien se garder de confondre ces anciens Arabes avec les hordes qui se disent descendues d'Ismaël. Les Ismaélites ou Agaréens, ou ceux qui se disaient enfants de Céthura, étaient des Tribus étrangeres, qui ne mirent jamais le pied dans l'Arabie heureuse. Leurs hordes erraient dans l'Arabie pétrée, vers le pays de Madian; elles se mêlerent depuis avec les vrais Arabes du temps de Mahomet, quand elles embrasserent sa religion.

Ce sont les peuples de l'Arabie proprement dite, qui étaient véritablement indigenes, c'est-à-dire, qui de temps immémorial habitaient ce beau pays sans mélange d'aucune autre nation, sans avoir jamais été ni conquis, ni conquérants. Leur religion était la plus naturelle & la plus simple de toutes ; c'était le culte d'un Dieu, & la vénération pour les étoiles, qui semblaient sous un ciel si beau & si pur, annoncer la grandeur de Dieu avec plus de magnificence que le reste de la nature. Ils regardaient les planettes comme des médiatrices entre Dieu & les hommes. Ils eurent cette religion jusqu'à Mahomet. Je crois bien qu'il y eut beaucoup de superstitions, puisqu'ils étaient hommes. Mais séparés du reste du monde par des mers & des déserts, possesseurs d'un pays délicieux, & se trouvant au-dessus de tout besoin & de toute crainte, ils durent être nécessairement moins méchants & moins superstitieux que d'autres nations.

On ne les avait jamais vus ni envahir le bien de leurs voisins comme des bêtes carnacieres affamées, ni égorger les faibles, en prétextant les ordres de la Divinité, ni faire leur cour aux Puissants en les flattant par de faux oracles. Leurs superstitions ne furent ni absurdes ni barbares.

On ne parle point d'eux dans nos histoires universelles fabriquées dans notre Occident. Je le crois bien; ils n'ont aucun rapport avec la petite nation Juive, qui est devenue l'objet & le fondement de nos histoires prétendues universelles, dans lesquelles un certain genre d'Auteurs se copiant les uns les autres, tous oublient les trois quarts de la terre.

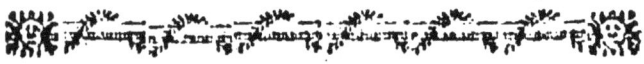

CHAPITRE XVI.

DE BRAM, ABRAM, ABRAHAM.

IL semble que ce nom de *Bram*, *Brama*, *Abram*, *Ibrahim*, soit un des noms des plus communs aux anciens peuples de l'Asie. Les Indiens que nous croyons une des premieres nations, font de leur Brama un fils de Dieu, qui enseigna aux Brames la maniere de l'adorer Ce nom fut en vénération de proche en proche. Les Arabes, les Caldéens, les Persans se l'approprierent, & les Juifs le regarderent comme un de leurs Patriarches. Les Arabes qui trafiquaient avec les Indiens, eurent probablement les premiers quelques idées confuses de Brama, qu'ils nommerent *Abrama*, & dont ensuite ils se vanterent d'être descendus. Les Caldéens l'adopterent comme un Législateur. Les Perses appellaient leur ancienne religion, *Millat Ibrahim*; les Medes *Kish Ibrahim*. Ils prétendaient que cet Ibrahim, ou Abraham, était de la Bactriane, & qu'il avait vécu près de la ville de Balk. Ils révéraient en lui un Prophete de la religion de l'ancien Zoroastre. Il n'appartient sans doute qu'aux Hébreux, puisqu'ils le reconnaissent pour leur pere dans leurs livres sacrés.

Des Savants ont cru que le nom était Indien, parce que les Prêtres Indiens s'appellaient Brames, Brachmanes, & que plusieurs de leurs institutions sacrées ont un rapport immédiat à ce nom, au lieu que chez les Asiatiques occidentaux vous ne voyez aucun établissement qui tire son nom d'Abram ou Abraham. Nulle société ne s'est jamais nommée Abramique. Nul rite, nulle cérémonie de ce nom. Mais puisque les livres Juifs disent qu'Abraham est la tige des Hébreux, il faut les croire sans difficulté.

L'Alcoran cite, touchant Abraham, les anciennes histoires Arabes, mais il en dit très-peu de chose. Elles prétendent que cet Abraham fonda la Mecque.

Les Juifs le font venir de Caldée, & non pas de l'Inde, ou de la Bactriane ; ils étaient voisins de la Caldée, l'Inde, & la Bactriane leur étaient inconnues, Abraham était un étranger pour tous ces peuples, & la Caldée étant un pays dès longs-temps renommé pour les sciences & les arts, c'était un honneur, humainement parlant, pour une petite nation renfermée dans la Palestine, de compter un ancien Sage réputé Caldéen au nombre de ses ancêtres.

S'il est permis d'examiner la partie historique des livres Judaïques par les mêmes regles qui nous conduisent dans la critique des autres histoires, il faut convenir avec tous les commentateurs que le récit des aventures d'Abraham, tel qu'il se trouve dans le Pentateuque, serait sujet à quelques difficultés, s'il se trouvait dans une autre histoire.

La Genese dit qu'Abraham sortit d'Aran âgé de soixante & quinze ans, après la mort de son pere.

Mais la même Genese dit que Tharé son pere l'ayant engendré à soixante & dix ans, vécut jusques à deux cents cinq. Ainsi Abraham avait cent trente-cinq ans quand il quitta la Caldée. Il paraît étrange qu'à cet âge il ait abandonné le fertile pays de la Mésopotamie, pour aller à trois cents mille de là, dans la Contrée stérile & pierreuse de Sichem, qui n'était point un lieu de commerce. De Sichem on le fait aller acheter du bled à Memphis, qui est environ à six cents mille; & dès qu'il arrive, le Roi devient amoureux de sa femme âgée de soixante & quinze ans.

Je ne touche point à ce qu'il y a de divin dans cette histoire; je m'en tiens toujours aux recherches de l'antiquité. Il est dit qu'Abraham reçut de grands présents du Roi d'Égypte. Ce pays était dès-lors un puissant État; la Monarchie était établie, les arts y étaient donc cultivés, le fleuve avait été dompté, on avait creusé par-tout des canaux pour recevoir ses inondations, sans quoi la Contrée n'eut pas été habitable.

Or je demande à tout homme sensé, s'il

n'avait pas fallu des siecles pour établir un tel Empire dans un pays long-temps inaccessible & dévasté par les eaux mêmes qui le fertiliserent? Abram, selon la Genese, arriva en Égypte deux mille ans avant notre Ére vulgaire. Il faut donc pardonner aux Manétons, aux Hérodotes, aux Diodores, aux Ératosthenes, & à tant d'autres, la prodigieuse antiquité qu'ils accordent tous au Royaume d'Égypte. Et cette antiquité devait être très-moderne en comparaison de celle des Caldéens, & des Syriens.

Qu'il soit permis d'observer un trait de l'histoire d'Abraham. Il est représenté au sortir de l'Égypte comme un pasteur Nomade, errant entre le mont Carmel & le lac Asphaltide ; c'est le désert le plus aride de l'Arabie pétrée. Il y voiture ses tentes avec trois cents dix-huit serviteurs, & son neveu Loth est établi dans la ville ou bourg de Sodome. Un Roi de Babilone, un Roi de Perse, un Roi de Pont, & un Roi de plusieurs autres nations, se liguent ensemble pour faire la guerre à Sodome & à quatre bourgades voisines. Ils prennent ces bourgs & Sodome. Loth est leur prisonnier. Il n'est pas aisé de comprendre comment cinq grands Rois si puissants se liguerent pour venir ainsi attaquer une horde d'Arabes dans un coin de terre si sauvage, ni comment Abraham défit de si puissants Monarques avec trois cents valets de campagne, ni comment il les poursuivit jusques par delà Damas. Quelques traducteurs ont mis *Dan* pour *Damas*, mais *Dan* n'existait pas du temps de Moïse, encore moins du temps d'Abraham. Il y a de l'extrêmité du lac Asphaltide où Sodome était situé, jusqu'à Damas, plus de trois cents milles de route. Tout cela est au-dessus de nos conceptions. Tout est miraculeux dans l'histoire des Hébreux; nous l'avons déja dit, & nous rédisons encore que nous croyons ces prodiges & tous les autres, sans aucun examen.

CHAPITRE XVII.

DE L'INDE.

S'Il est permis de faire des conjectures, les Indiens vers le Gange sont peut-être les hommes les plus anciennement rassemblés en corps de peuple. Il est certain que le terrein où les animaux trouvent la pâture la plus facile est bientôt couverte de l'espece qu'elle peut nourrir. Or il n'y a point de Contrée au monde où l'espece humaine ait sous sa main des aliments plus sains, plus agréables, & en plus grande abondance que vers le Gange; le ris y croît sans culture, l'ananas, le cocos, la datte le figuier, présentent de tous côtés des mets délicieux; l'oranger, le citronier, fournissent à la fois des boissons rafraichissantes avec quelque nourriture. Les cannes de sucre sont sous la main. Les palmiers, les figuiers à larges feuilles, donnent le plus épais ombrages. On n'a pas besoin dans ce pays d'écorcher des troupeaux pour défendre ses enfants des rigueurs des saisons ; on les éleve encore aujourd'hui tout nuds jusqu'à la puberté. Jamais on ne fut obligé dans ce pays de risquer sa vie pour la soutenir, en attaquant les animaux, & en se nourrissant de leurs membres déchirés comme on a fait presque par-tout ailleurs.

Les hommes se seront assemblés d'eux-mêmes en société dans ce climat heureux ; on ne se sera point disputé un terrein aride pour y établir de maigres troupeaux ; on ne se fera point fait la guerre pour un puits, pour une fontaine, comme ont fait des Barbares dans l'Arabie pétrée.

Je ne parlerai point ici des anciens monuments dont les Brames se vantent ; il suffit de savoir que les raretés les plus antiques que l'Empereur Chinois Cam-hi eut dans son Palais étaient Indiennes : il montrait à nos Missionnaires Mathématiciens d'anciennes monnoies Indiennes, frappées au coin, fort antérieures aux monnoies de cuivre des Empereurs Chinois : & c'est probablement des Indiens que les Rois de Perse apprirent l'art monétaire.

Les Grecs avant Pitagore voyageaient dans l'Inde pour s'instruire. Les signes des sept planettes & des sept métaux sont encore dans presque toute la terre ceux que les Indiens inventerent : les Arabes furent obligé de prendre leur chiffres. Celui des jeux qui fait le plus d'honneur à l'esprit humain nous vient incontestablement de l'Inde; les éléphants auxquels nous avons substitué des tours en font une preuve.

Enfin, les peuples les plus anciennement connus, Persans, Phéniciens, Arabes, Égyptiens, allerent de temps immémorial trafiquer dans l'Inde pour en rapporter les épiceries que la nature n'a données qu'à ces climats, sans que jamais les Indiens allassent rien demander à aucune de ces nations.

On nous parle d'un Bacchus qui partit, dit-on, d'Égypte, ou d'une Contrée de l'Asie Occidentale, pour conquérir l'Inde. Ce Bacchus, quel qu'il soit, savait donc qu'il y avait au bout de notre Continent une nation qui valait mieux que la sienne. Le besoin fit les premiers brigands; ils n'envahirent l'Inde que parce qu'elle était riche, & sûrement le peuple riche est rassemblé, civilisé, policé, long-temps avant le peuple voleur.

Ce qui me frappe le plus dans l'Inde, c'est cette ancienne opinion de la transmigration des ames, qui s'étendit avec le temps jusqu'à la Chine & dans l'Europe. Ce n'est pas que les Indiens sussent ce que c'est qu'une ame : mais ils imaginaient que ce principe, soit aërien, soit igné, allait successivement animer d'autres corps. Remarquons attentivement ce système de Philosophie qui tient aux mœurs. C'était un grand frein pour les pervers que la crainte d'être condamné par Visnou, & par Brama, à devenir les plus vils & les plus malheureux des animaux,

Nous verrons bientôt que tous les grands peuples avaient une idée d'une autre vie, quoiqu'avec des notions différentes. Je ne vois guere parmi les anciens Empires que les Chinois qui n'établirent pas la doctrine de l'immortalité de l'ame. Leurs premiers Législateurs ne promulguerent que des loix morales ; ils crurent qu'il suffisait d'exhorter les hommes à la vertu, & de les y forcer par une police sévere.

Les Indiens eurent un frein de plus en embrassant la doctrine de la métempsicose ; la crainte de tuer son pere ou sa mere en tuant des hommes & des animaux, leur inspira une horreur pour le meurtre & pour toute violence, qui devint chez eux une seconde nature. Ainsi tous les Indiens, dont les familles ne se sont alliées ni aux Arabes, ni aux Tartares, sont encore aujourd'hui les plus doux de tous les hommes. Leur religion & la température de leur climat, rendirent ces peuples entiérement semblables à ces animaux paisibles que nous élevons dans nos bergeries & dans nos colombiers pour les égorger à notre plaisir. Toutes les nations farouches qui descendirent du Caucase, du Taurus, & de l'Immaüs pour subjuguer les habitants des bords de l'Inde, de l'Hidaspe, du Gange, les asservirent en se montrant.

C'est ce qui arriverait aujourd'hui à ces Chrétiens primitifs appellés Quakers, aussi pacifiques que les Indiens ; ils seraient dévorés par les autres nations, s'ils n'étaient protégés par leurs belliqueux compatriotes.

La Religion Chrétienne que ces seuls primitifs suivent à la lettre, est aussi ennemie du sang que la Pitagoricienne. Mais les peuples Chrétiens n'ont jamais observé leur religion, & les anciennes Castes Indiennes ont toujours pratiqué la leur. C'est que le Pitagorisme est la seule religion au monde qui ait pu faire de l'horreur du meurtre, une piété filiale & un sentiment religieux. La transmigration des ames est un systême si simple, & même si vraisemblable aux yeux des peuples ignorants; il est si facile de croire que ce qui anime un homme peut ensuite en animer un autre, que tous ceux qui adopterent cette religion, crurent voir les ames de leur parents dans tous les hommes qui les environnaient. Ils se crurent tous freres, peres, meres, enfants les uns des autres. Cette idée inspirait nécessairement une charité universelle. On tremblait de blesser un être qui était de la famille : en un mot, l'ancienne religion de l'Inde, & celle des lettrés à la Chine, sont les seules dans lesquelles les hommes n'aient point été barbares. Comment peut-il arriver qu'ensuite ces mêmes hommes qui se faisaient un crime d'égorger un animal, permissent que les femmes se brûlassent sur le corps de leurs maris, dans la vaine espérance de renaître dans des corps plus beaux & plus heureux ? C'est que le fanatisme & les contradictions, sont l'appanage de la nature humaine.

Il faut sur-tout considérer que l'abstinence de la chair des animaux est une suite de la nature du climat. L'extrême chaleur & l'humidité y pourrissent bientôt la viande, elle y est une très-mauvaise nourriture. Les liqueurs fortes y sont aussi défendues par la nature qui exige dans l'Inde des boissons rafraîchissantes. La métempsicose passa à la vérité chez nos nations septentrionales. Les Celtes crurent qu'ils renaîtraient dans d'autres corps : mais si les Druides avaient ajouté à cette doctrine la défense de manger de la chair, ils n'auraient pas été obéis.

Nous ne connaissons presque rien des anciens rites des Brames conservés jusques à nos jours. Ils communiquent peu les livres du Hanscrit qu'ils ont encore dans cette ancienne langue sacrée : leurs Védams ont été aussi long-temps inconnus que le Zend des Perses, & que les cinq Kings des Chinois. Il n'y a guere que six vingt ans que les Européens eurent les premieres notions des cinq Kings : & le Zend n'a été vu que par le célebre Docteur Hide, qui n'eut pas de quoi l'acheter, & de quoi payer l'interprete, & par le marchand Chardin qui ne voulut pas en donner le prix qu'on lui en demandait. Nous n'eûmes que cet extrait du Zend, ce Sadder dont j'ai parlé fort au long.

Un hasard plus heureux a procuré à la Bibliotheque de Paris, un ancien livre des Brames, c'est l'Ézourvédam écrit avant l'expédition d'Alexandre dans l'Inde, avec un rituel de tous les anciens rites des Bracmanes, intitulé le Cormo-Védam : ce manuscrit, traduit par un Brame, n'est pas à la vérité le Védam

dam lui-même, mais c'est un résumé des opinions & des rites contenus dans cette loi. Nous pouvons donc nous flatter d'avoir aujourd'hui quelque connoissance des trois plus anciens Écrits qui soient au monde.

Il faut désespérer d'avoir jamais rien des Égyptiens; leurs livres sont perdus, leur religion s'est anéantie; ils n'entendent plus leur ancienne langue vulgaire, encore moins la sacrée. Ainsi ce qui était plus près de nous, plus facile à conserver, déposé dans des Bibliotheques immenses, a péri pour jamais, & nous avons trouvé au bout du monde des monuments non moins authentiques, que nous ne devions pas espérer de découvrir.

On ne peut douter de la vérité, de l'authenticité de ce rituel des Bracmanes dont je parle. L'Auteur assûrément ne flatte pas sa secte; il ne cherche point à déguiser ses superstitions, à leur donner quelque vraisemblance par des explications forcées, à les excuser par des allégories. Il rend compte des loix les plus extravagantes avec la simplicité de la candeur. L'esprit humain paraît là dans toute sa misere. Si les Brames observaient toutes les loix de leur Védam, il n'y a point de Moine qui voulût s'assujettir à cet état. A peine le fils d'un Brame est-il né, qu'il est l'esclave des cérémonies. On frotte sa langue avec de la poix résine, détrempée dans la farine; on prononce le mot *Oum*; on invoque vingt divinités avant qu'on lui ait coupé le bout du nombril; mais aussi on lui dit, *Vivez pour commander aux hommes*; & dès qu'il peut parler, on lui fait sentir la dignité de son être. En effet, les Bracmanes furent long-temps souverains dans l'Inde, & la théocratie fut établie dans cette vaste Contrée plus qu'en aucun pays du monde.

Bientôt on expose l'enfant à la lune : on prie l'Être Suprême d'effacer les péchés que l'enfant peut avoir commis, quoiqu'il ne soit né que depuis huit jours : on adresse des antiennes au feu ; on donne à l'enfant avec cent cérémonies le nom de Chormo, qui est le titre d'honneur des Brames.

Dès que cet enfant peut marcher, il passe sa vie à se baigner & à réciter des prieres. Il fait le sacrifice des morts ; & ce sacrifice est institué pour que Brama donne à l'ame des ancêtres de l'enfant une demeure agréable dans d'autres corps.

On fait des prieres aux cinq vents qui peuvent sortir par les cinq ouvertures du corps humain. Cela n'est pas plus étrange que les prieres récitées au Dieu Pet par les bonnes vieilles de Rome.

Nulle fonction de la nature, nulle action chez les Brames sans prieres. La premiere fois qu'on rase la tête de l'enfant, le pere dit au rasoir dévotement, *Rasoir, rase mon fils comme tu as rasé le soleil & le Dieu Indro*. Il se pourrait après tout que le Dieu Indro eut été autrefois rasé : mais pour le soleil, cela n'est pas aisé à comprendre, à moins que les Brames n'aient eu notre Apollon, que nous représentons encore sans barbe.

Le récit de toutes ces cérémonies serait

aussi ennuyeux qu'elles nous paraissent ridicules ; & dans leur aveuglement ils en disent autant des nôtres ; mais il y a chez eux un mystere qui ne doit pas être passé sous silence : c'est le Matricha Machom. On se donne par ce mystere un nouvel être, une nouvelle vie.

L'ame est supposée être dans la poitrine, & c'est en effet le sentiment de presque toute l'antiquité. On passe la main de la poitrine à la tête, en appuyant sur le nerf qu'on croit aller d'un de ces organes à l'autre, & on conduit ainsi son ame à son cerveau ; quand on est sûr que son ame est bien montée, alors le jeune homme s'écrie que son ame & son corps sont réunis à l'Être Suprême, & dit, *je suis moi-même une partie de la divinité.*

Cette opinion a été celle des plus respectables Philosophes de la Grece, de ces Stoïciens qui ont élevé la nature humaine au-dessus d'elle-même, celle des divins Antonins ; & il faut avouer que rien n'était plus capable d'inspirer de grandes vertus. Se croire une partie de la divinité, c'est s'imposer la loi de ne rien faire qui ne soit digne de Dieu-même.

On trouve dans cette loi des Bracmanes dix commandements, & ce sont dix péchés à éviter. Ils sont divisés en trois especes, les péchés du corps, ceux de la parole, ceux de la volonté. Frapper, tuer son prochain, le voler, violer les femmes, ce sont les péchés du corps ; dissimuler, mentir, injurier, ce sont les péchés de la parole ; ceux de la

F ij

volonté consistent à souhaiter le mal, à regarder le bien des autres avec envie, à n'être pas touché des miseres d'autrui. Ces dix commandements font pardonner tous les rites ridicules. On voit évidemment que la morale est la même chez toutes les nations civilisées, & que les usages les plus consacrés chez un peuple, paraissent aux autres ou extravagants ou haïssables. Les rites établis divisent aujourd'hui le genre humain, & la morale le réunit.

La superstition n'empêcha jamais les Bracmanes de reconnaître un Dieu unique. Strabon dans son 15ᵉ livre, dit qu'ils adorent un Dieu suprême, qu'ils gardent le silence plusieurs années avant d'oser parler, qu'ils sont sobres, chastes, tempérants, qu'ils vivent dans la justice, & qu'ils meurent sans regret. C'est le témoignage que leur rendent Saint Clément d'Alexandrie, Apulée, Porphire, Pallade, St Ambroise. N'oublions pas surtout qu'ils eurent un Paradis terrestre, & que les hommes qui abuserent des bienfaits de Dieu furent chassés de ce Paradis.

La chûte de l'homme dégénéré est le fondement de la Théologie de presque toutes les anciennes nations. Le penchant naturel de l'homme à se plaindre du présent, & à vanter le passé, a fait imaginer par-tout une espece d'âge d'or, auquel les siecles de fer ont succédé. Ce qui est plus singulier encore, c'est que le Védam des anciens Bracmanes enseigne que le premier homme fut Adimo, & la premiere femme Procriti. Adimo signifiait Seigneur, & Procriti voulait dire la vie, comme Heva chez les Phéniciens & les Hébreux signifiait aussi la vie ou le serpent. Cette conformité mérite une grande attention.

CHAPITRE XVIII.
DE LA CHINE.

OSerons-nous parler des Chinois sans nous en rapporter à leurs propres annales ? Elles sont confirmées par le témoignage unanime de nos voyageurs de différentes sectes, Jacobins, Jésuites, Luthériens, Calvinistes, tous intéressés à se contredire. Il est évident que l'Empire de la Chine était formé il y a plus de quatre mille ans. Ce peuple antique n'entendit jamais parler d'aucune de ces révolutions physiques, de ces inondations, de ces incendies dont la faible mémoire s'était conservée & altérée dans les fables du déluge de Deucalion, & de la chûte de Phaëton. Le climat de la Chine avait donc été préservé de ces fléaux, comme il le fut toujours de la peste proprement dite, qui a tant de fois ravagé l'Afrique, l'Asie & l'Europe.

Si quelques annales portent un caractere de certitude, ce sont celles des Chinois, qui ont joint, comme on l'a déja dit ailleurs, l'histoire du ciel à celle de la terre. Seuls de tous les peuples ils ont constamment marqué leurs époques par les éclipses, par les conjonctions des planettes ; & nos Astronomes qui ont examiné leurs calculs, ont été étonnés de les trouver presque tous véritables. Les autres nations inventerent des fables allégoriques, & les Chinois écrivirent leur histoire la plume & l'astrolabe à la main, avec une simplicité dont on ne trouve point d'exemple dans le reste de l'Asie.

Chaque regne de leurs Empereurs a été écrit par des contemporains; nulle différente maniere de compter parmi eux, nulles chronologies qui se contredisent. Nos voyageurs missionaires rapportent avec candeur que lorsqu'ils parlerent au sage Empereur Camhi des variations considérables de la chronologie de la Vulgate des Septante, & des Samaritains, Camhi leur répondit : Est-il possible que les livres en qui vous croyez, se combattent ?

Les Chinois écrivaient sur des tablettes légeres de bambou, quand les Caldéens n'écrivaient encore que sur la brique ; & ils ont même encore de ces anciennes tablettes que leurs vernis ont préservées de la pourriture. Ce sont peut-être les plus anciens monuments du monde. Point d'histoire chez eux avant celles de leurs Empereurs, point de fictions, aucun prodige, nul homme inspiré qui se dise demi-Dieu comme chez les Égyptiens & chez les Grecs; dès que ce peuple écrit, il écrit raisonnablement.

Il differe sur-tout des autres nations, en

ce que leur histoire ne fait aucune mention d'un Collège de Prêtres qui ait jamais influé sur les loix. Les Chinois ne remontent point jusqu'aux temps sauvages où les hommes eurent besoin qu'on les trompât pour les conduire. D'autres peuples commencerent leur histoire par l'origine du monde ; le Zend des Perses, le Védam des Indiens, Sanchoniaton, Maneton, enfin jusqu'à Hésiode, tous remontent à l'origine des choses, à la formation du monde. Les Chinois n'ont point eu cette folie, leur histoire n'est que celle des temps historiques.

C'est ici qu'il faut sur-tout appliquer notre grand principe, qu'une nation dont les premiers chroniques attestent l'existence d'un vaste Empire puissant & sage, doit avoir été rassemblé en corps de peuple pendant des siecles antérieurs. Voilà ce peuple qui, depuis plus de quatre mille ans écrit journellement ses annales. Encore une fois, n'y aurait-il pas de la démence à ne pas voir que pour être exercé dans tous les arts qu'exige la société des hommes, & pour en venir non-seulement jusqu'à écrire, mais jusqu'à bien écrire, il avait fallu plus de temps que l'Empire Chinois n'a duré, en ne comptant que depuis l'Empereur Fo-hi jusqu'à nos jours ? Il n'y a point de lettré à la Chine qui doute que les cinq King n'aient été écrits deux mille trois cents ans avant notre Ére vulgaire. Ce monument précede donc de quatre cents années, les premieres observations Babiloniennes envoyées en Grece par

Callisthene. De bonne foi sied-il bien à des lettrés de Paris de contester l'antiquité d'un livre Chinois, regardé comme authentique par tous les Tribunaux de la Chine ?

Les premiers rudiments sont en tout genre plus lents chez les hommes que les grands progrès. Souvenons-nous toujours que presque personne ne savait écrire il y a cinq cents ans, ni dans le Nord, ni en Allemagne, ni parmi nous. Ces tailles dont se servent encore aujourd'hui nos boulangers, étaient nos hiérogliphes & nos livres de compte. Il n'y avait point d'autre arithmétique pour lever les impôts, & le nom de tailles l'atteste encore dans nos campagnes. Nos coutumes capricieuses, qui n'ont été rédigées par écrit que depuis quatre cents cinquante ans, nous apprennent assez combien l'art d'écrire était rare alors. Il n'y a point de peuple en Europe qui n'ait fait en dernier lieu plus de progrès en un demi-siecle dans tous les arts qu'il n'en avait fait depuis les invasions des Barbares jusqu'au quatorzieme siecle.

Je n'examinerai point ici pourquoi les Chinois, parvenus à connaître & à pratiquer tout ce qui est utile à la société, n'ont pas été aussi loin que nous allons aujourd'hui dans les sciences. Ils sont aussi mauvais Physiciens, je l'avoue, que nous l'étions il y a deux cents ans, & que les Grecs & les Romains l'ont été ; mais ils ont perfectionné la morale, qui est la premiere des sciences.

Leur vaste & populeux Empire était déja

gouverné comme une famille, dont le Monarque était le pere, & dont quarante Tribunaux de législation étaient regardés comme les freres ainés, quand nous étions errants en petit nombre dans la forêt des Ardennes.

Leur religion était simple, sage, auguste, libre de toute superstition & de toute barbarie, quand nous n'avions pas même encore des Teutatés à qui des Druides sacrifiaient les enfants de nos ancêtres dans de grandes mannes d'ozier.

Les Empereurs Chinois offraient eux-mêmes au Dieu de l'univers, au *Chang-ti*, au *Tien*, au principe de toutes choses, les prémices des récoltes deux fois l'année; & de quelles récoltes encore? De ce qu'ils avaient semé de leurs propres mains. Cette coutume s'est soutenue pendant quarante siecles, au milieu même des révolutions & des plus horribles calamités.

Jamais la Religion des Empereurs & des Tribunaux ne fut deshonorée par des impostures, jamais troublée par les querelles du Sacerdoce & de l'Empire, jamais chargée d'innovations absurdes qui se combattent les unes les autres avec des arguments aussi absurdes qu'elles, & dont la démence a mis à la fin le poignard aux mains des fanatiques conduits par des factieux. C'est par-là sur-tout que les Chinois l'emportent sur toutes les nations de l'univers.

Leur Confutsée n'imagina ni nouvelles opinions, ni nouveaux rites. Il ne fit ni l'inspiré ni le Prophete. C'était un Magiſtrat qui enſeignait les anciennes loix. Nous diſons quelquefois, & bien mal à propos, *la Religion de Confucius*; il n'en avait point d'autre que celle de tous les Empereurs & de tous les Tribunaux, point d'autre que celle des premiers Sages. Il ne recommande que la vertu, il ne prêche aucun myſtere. Il dit dans ſon premier livre, que pour apprendre à gouverner, il faut paſſer tous les jours à ſe corriger : dans le ſecond, il prouve que Dieu a gravé lui-même la vertu dans le cœur de l'homme ; il dit, que l'homme n'eſt point né méchant, & qu'il le devient par ſa faute, le troiſieme eſt un recueil de maximes pures où vous ne trouvez rien de bas, & rien d'une allégorie ridicule. Il eut cinq mille Diſciples, il pouvait ſe mettre à la tête d'un parti puiſſant, & il aima mieux inſtruire les hommes que les gouverner.

On s'eſt élevé avec force dans un eſſai ſur l'hiſtoire générale, contre la témérité que nous avons eu au bout de l'Occident de vouloir juger de cette Cour Orientale, & de lui attribuer l'athéiſme. Par quelle fureur en effet quelques-uns d'entre nous ont-ils pu appeller athée un Empire dont preſque toutes les loix ſont fondées ſur la connoiſſance d'un Être ſuprême, rémunérateur & vengeur ? Les inſcriptions de leurs Temples, dont nous avons des copies authentiques, ſont, *au premier principe ſans commencement & ſans fin. Il a tout fait, il gouverne tout. Il eſt infiniment bon, infiniment juſte, il éclai-*

re, il soutient, il regle toute la nature.

On a reproché en Europe aux Jésuites qu'on n'aimait pas de flatter les athées de la Chine. Un Français nommé Maigrot, Évêque de Conon, qui ne savait pas un mot de Chinois, fut député par un Pape pour aller juger le procès sur les lieux ; il traita Confucius d'athée, sur ces paroles de ce grand homme, *le Ciel m'a donné la vertu, l'homme ne peut me nuire.* Le plus grand de nos Saints n'a jamais débité de maxime plus celeste. Si Confucius était athée, Caton, & le Chancelier de l'Hôpital l'étaient aussi.

Répétons ici pour faire rougir la calomnie, que les mêmes hommes qui soutenaient contre Bayle, qu'une société d'athées était impossible, avançaient en même-temps que le plus ancien Gouvernement de la terre était une société d'athées. Nous ne pouvons trop nous faire honte de nos contradictions.

Répétons encore que les lettrés Chinois adorateurs d'un seul Dieu, abandonnerent le peuple aux superstitions des Bonzes. Ils reçurent la secte de Laokium & celle de Fo & plusieurs autres. Les Magistrats sentirent que le peuple pouvait avoir des religions différentes de celles de l'État, comme il a une nourriture plus grossiere, ils souffrirent les Bonzes & les continrent. Presque par-tout ailleurs ceux qui faisaient le métier de Bonzes avaient l'autorité principale.

Il est vrai que les loix de la Chine ne parlent point de peines & de récompenses après la mort ; ils n'ont point voulu affirmer ce qu'ils ne ſavaient pas. Cette différence entre eux & tous les grands peuples policés eſt très-étonnante. La doctrine de l'enfer était utile, & le Gouvernement des Chinois ne l'a jamais admiſe. Ils ſe contentèrent d'exhorter les hommes à révérer le Ciel, & à être juſtes. Ils crurent qu'une police exacte toujours exercée, ſerait plus d'effet que des opinions qui peuvent être combattues, & qu'on craindrait plus la loi toujours préſente, qu'une loi à venir. Nous parlerons en ſon temps d'un autre peuple, infiniment moins conſidérable, qui eut à peu près la même idée, ou plutôt qui n'eut aucune idée, mais qui fut conduit par des voies inconnues aux autres hommes.

Réſumons ici ſeulement que l'Empire Chinois ſubſiſtait avec ſplendeur quand les Caldéens commençaient le cours de ces dix-neuf cents années d'obſervations aſtronomiques envoyées en Grèce par Calliſthène ; les Brames régnaient alors dans une partie de l'Inde ; les Perſes avaient leurs loix, les Arabes au midi, les Scithes au Septentrion, habitaient ſous des tentes. L'Égypte dont nous allons parler, était un puiſſant Royaume.

CHAPITRE XIX.
DE L'ÉGYPTE.

IL me paraît ſenſible que les Égyptiens, tout antiques qu'ils ſont, ne purent être raſſemblés en corps, civiliſés, policés, industrieux, puissants, que très-long-temps après tous les peuples qui ont passé en revue. La raison en est évidente. L'Égypte jusqu'au Delta est resserrée par deux chaînes de rochers, entre lesquels le Nil se précipite, en descendant d'Éthiopie du Midi au Septentrion. Il n'y a des cataractes du Nil à ses embouchures en ligne droite que cent soixante lieues de trois mille pas géométriques, & la largeur n'est que de dix à quinze & vingt lieues jusqu'au Delta, partie basse de l'Égypte, qui embrasse une étendue de cinquante lieues d'Orient en Occident. A la droite du Nil, sont les déserts de la Thébaïde, & à la gauche les sables inhabitables de la Libie jusqu'au petit pays où fut bâti le temple d'Ammon.

Les inondations du Nil dûrent pendant des siecles écarter tous les colons d'une terre submergée quatre mois de l'année ; ces eaux croupissantes s'accumulant continuellement, dûrent long-temps faire un marais de toute l'Égypte. Il n'en est pas ainsi des bords de l'Euphrate, du Tigre, de l'Inde, du Gange & d'autres rivieres qui se débordent aussi, presque chaque année en été, à la fonte des neiges. Leurs débordements ne sont pas si grands, & les vastes plaines qui les environnent, donnent aux cultivateurs toute la liberté de profiter de la fertilité de la terre.

Observons sur-tout que la peste, ce fléau attaché au genre animal, regne une fois en dix ans au moins en Égypte ; elle devait être beaucoup plus destructive quand les eaux du

Nil en croupissant sur la terre, ajoutaient leur infection à cette contagion horrible, & ainsi la population de l'Égypte dut être très-faible pendant bien des siecles.

L'ordre naturel des choses semble donc démontrer invinciblement que l'Égypte fut une des dernieres terres habitées. Les Troglodites nés dans ces rochers dont le Nil est bordé, furent obligés à des travaux aussi longs que pénibles pour creuser des canaux qui reçussent le fleuve, pour élever des cabanes & les réhausser de vingt-cinq pieds au-dessus du terrein. C'est là pourtant ce qu'il fallut faire avant de bâtir Thebes aux cents portes, avant d'élever Memphis, & de songer à construire des pyramides. Il est bien étrange qu'aucun ancien historien n'ait fait une réflexion si naturelle.

Nous avons déja observé que dans le temps où l'on place les voyages d'Abraham, l'Égypte était un puissant Royaume. Ses Rois avaient déja bâti quelques-unes de ces pyramides, qui étonnent encore les yeux & l'imagination. Les Arabes ont écrit que la plus grande fut élevée par Saurid plusieurs siecles avant Abraham; on ne sait en quel temps fut construite la fameuse Thebes aux cents portes, la Ville de Dieu, Diospolis. Il paraît que dans ces temps reculés les grandes Villes portaient le nom de Ville de Dieu comme Babilone. Mais qui pourra croire que par chacune des cents portes de Thebes il sortait deux cents chariots armés en guerre, & cent mille combattants? Cela ferait vingt mille, chariots, & un million de soldats; & à un soldat pour cinq personnes, ce nombre suppose au moins cinq millions de têtes pour une seule Ville, dans un pays qui n'est pas si grand que l'Espagne ou que la France, & qui n'avait pas, selon Diodore de Sicile, plus de trois millions d'habitants, & plus de cent soixante mille soldats pour sa défense. Diodore dit (livre premier) que l'Égypte était si peuplée, qu'autrefois elle avait eu jusqu'à sept millions d'habitants, & que de son temps elle en avait encore trois millions.

Vous ne croyez pas plus aux conquêtes de Séfostris qu'au million de soldats qui sortent par les cents portes de Thebes. Ne pensez-vous pas lire l'histoire de Picrocole, quand ceux qui copient Hérodote vous disent que le pere de Séfostris, fondant ses espérances sur un songe & sur un oracle, destina son fils à subjuguer le monde; qu'il fit élever à sa cour dans le métier des armes tous les enfants nés le même jour que ce fils, qu'on ne leur donnait à manger qu'après qu'ils avaient couru huit de nos grandes lieues, & qu'enfin Séfostris partit avec six cents mille hommes, vingt-sept mille chars de guerre, & alla conquérir toute la terre, depuis l'Inde jusqu'aux extrêmités du Pont-Euxin, & qu'il subjugua la Mingrelie & la Georgie, appellées alors la Colchide. Hérodote ne doute pas que Séfostris n'ait laissé des Colonies en Colchide, parce qu'il a vu à Colchos des hommes bazanés, avec des cheveux crépus ressemblants aux Égyptiens. Je croirais bien plutôt que ces especes de Scithes des bords de la mer Noire & de la mer Caspienne, vinrent rançonner les Égyptiens quand ils ravagerent si long-temps l'Asie avant le regne de Cyrus. Je croirais qu'ils emmenerent avec eux des esclaves d'Égypte, ce vrai pays d'esclaves, dont Hérodote put voir, ou crut voir les descendants en Colchide. Si ces Colchidiens avaient en effet la superstition de se faire circoncire, ils avaient probablement retenu cette coutume d'Égypte, comme il arriva presque toujours aux peuples du Nord de prendre les rites des nations civilisées qu'ils avaient vaincues.

Jamais les Égyptiens dans les temps connus ne furent redoutables, jamais ennemi n'entra chez eux qu'il ne les subjuguât. Les Scithes commencerent; après les Scithes vint Nabuchodonosor, qui conquit l'Égypte sans résistance; Cyrus n'eut qu'à y envoyer un de ses Lieutenants; révoltée sous Cambize, il ne fallut qu'une campagne pour la soumettre : & ce Cambize eut tant de mépris pour les Égyptiens, qu'il tua leur Dieu Apis en leur présence. Ochus réduisit l'Égypte en Province de son Royaume. Alexandre, César, Auguste, le Calife Omar conquirent l'Égypte avec une égale facilité. Ces mêmes peuples de Colchos sous le nom de Mammelucs revinrent encore s'emparer de l'Égypte du temps des Croisades; enfin Sélim conquit l'Égypte en une seule campagne, comme tous ceux qui s'y étaient présentés : il n'y a jamais eu que nos seuls Croisés

sés qui se soient fait battre par ces Égyptiens, le plus lâche de tous les peuples, comme on l'a remarqué ailleurs; mais c'est qu'alors ils étaient gouvernés par la milice des Mammelucs de Colchos.

Il est vrai qu'un peuple humilié peut avoir été autrefois conquérant, témoins les Grecs & les Romains. Mais nous sommes plus sûrs de l'ancienne grandeur des Romains & des Grecs que de celle de Sésostris.

Je ne nie pas que celui qu'on appelle Sésostris n'ait pu avoir une guerre heureuse contre quelques Éthiopiens, quelques Arabes, quelques peuples de la Phénicie. Alors dans le langage des exagérateurs il aura conquis toute la terre. Il n'y a point de nation subjuguée qui ne prétende en avoir autrefois subjugué d'autres. La vaine gloire d'une ancienne supériorité console de l'humiliation présente.

Hérodote racontait ingénument aux Grecs ce que les Égyptiens lui avaient dit, mais comment en ne lui parlant que de prodiges, ne lui dirent-ils rien des fameuses plaies d'Égypte, de ce combat magique entre les sorciers de Pharaon & le Ministre du Dieu des Juifs, & d'une armée entière engloutie au fond de la mer Rouge sous les eaux élevées comme des montagnes à droite & à gauche, pour laisser passer les Hébreux, lesquels en retombant submergèrent les Égyptiens. C'était assurément le plus grand événement dans l'histoire du monde : ni Hérodote, ni Manéton, ni F   , ni aucun des Grecs si grands amateurs du merveilleux, & toujours en correspondance avec l'Égypte, n'ont parlé de ces miracles qui devaient occuper la mémoire de toutes les générations. Je ne fais pas assurément cette réflexion pour infirmer le témoignage des livres Hébreux, que je révère comme je dois. Je me borne à m'étonner seulement du silence de tous les Égyptiens & de tous les Grecs. Dieu ne voulut pas sans doute qu'une histoire si divine nous fût transmise par aucune main profane.

CHAPITRE XX.

DE LA LANGUE DES ÉGYPTIENS, ET DE LEURS SIMBOLES.

LE langage des Égyptiens n'avait aucun rapport avec celui des nations de l'Asie. Vous ne trouvez chez ce peuple ni le mot d'Adori ou d'Adonaï, ni de Bal ou Baal, termes qui signifient le Seigneur ; ni de Mitra, qui était le soleil chez les Perses ; ni de Melch, qui signifie Roi en Sirie ; ni de Shak, qui signifie la même chose chez les Indiens & chez les Persans. Vous voyez au contraire que *Pharao* était le nom Égyptien qui répond à Roi. *Oshireth* (Osiris) répondait au Mitra des Persans ; & le mot vulgaire *On*, signifiait le soleil. Les Prêtres Caldéens s'appelaient *Mag*, ceux des Égyptiens *Choen*, au rapport de Diodore de Sicile.

Les hiérogliphes, les caracteres alphabétiques d'Égypte que le temps a épargnés & que nous voyons encore gravés sur les obélisques, n'ont aucun rapport à ceux des autres peuples.

Avant que les hommes eussent inventé les hiérogliphes, ils avaient indubitablement des signes représentatifs; car en effet, qu'ont pu faire les premiers hommes sinon ce que nous faisons quand nous sommes à leur place? Qu'un enfant se trouve dans un pays dont il ignore la langue, il parle par signes; si on ne l'entend pas, il dessine sur un mur avec un charbon les choses dont il a besoin, pour peu qu'il ait la moindre sagacité.

On peignit donc d'abord grossiérement ce qu'on voulut faire entendre, & l'art de dessiner précéda sans doute l'art d'écrire. C'est ainsi que les Mexicains & les Péruviens écrivaient; ils n'avaient pas poussé l'art plus loin. Telle était la méthode de tous les premiers peuples policés. Avec le temps on inventa les figures simboliques: deux mains entrelassées signifierent la paix; des fleches représenterent la guerre; un œil signifia la Divinité; un sceptre marqua la Royauté; & des lignes qui joignaient ces figures exprimerent des phrases courtes.

Les Chinois inventerent enfin des caracteres pour exprimer chaque mot de leur langue. Mais quel peuple inventa l'alphabet, lequel en mettant sous les yeux les différents sons qu'on peut articuler, donne la facilité de combiner par écrit tous les mots possibles? Qui put ainſi apprendre aux hommes à graver ſi aiſément leurs penſées? Je ne répéterai point ici tous les contes des anciens ſur cet art qui éternife tous les arts, je dirai ſeulement qu'il a fallu bien des ſiecles pour y arriver.

Les Choen, ou Prêtres d'Égypte, continuerent long-temps d'écrire en hiérogliphes, ce qui eſt défendu par le ſecond article de la loi des Hébreux; & quand les peuples d'Égypte eurent des caracteres alphabétiques, les Choen en prirent de différents qu'ils appellerent ſacrés, afin de mettre toujours une barriere entre eux & le peuple. Les Mages, les Brames en uſaient de même, tant l'art de ſe cacher aux hommes a ſemblé néceſſaire pour les gouverner. Non-ſeulement ces Choen avaient des caracteres qui n'appartenaient qu'à eux, mais ils avaient encore conſervé l'ancienne langue de l'Égypte, quand le temps avait changé celle du vulgaire.

Manéton, cité dans Euſebe, parle de deux colomnes gravées par Toth, le premier Hermès, en caracteres de la langue ſacrée. Mais qui ſait en quel temps vivait cet ancien Hermès?

Les Égyptiens garderent ſur-tout très-ſcrupuleuſement leurs premiers ſimboles. C'eſt une choſe curieuſe de voir ſur leurs monuments un ſerpent qui ſe mord la queue, ſigurant les douze mois de l'année, & ces douze mois exprimés chacun par des animaux, qui ne ſont pas ceux du Zodiaque que nous connaiſſons. On voit encore les cinq jours ajoutés depuis aux douze mois ſous la forme d'un petit serpent, sur lequel cinq figures sont assises; c'est un épervier, un homme, un chien, un lion & un ibis. On les voit dessinés dans Kirker d'après des monuments conservés à Rome. Ainsi presque tout est simbole & allégorie dans l'antiquité.

CHAPITRE XXI.
DES MONUMENTS DES ÉGYPTIENS.

IL est certain qu'après les siecles où les Égyptiens fertiliserent le sol par les saignées du fleuve, après les temps où les villages commencerent à être changés en Villes opulentes, alors les arts nécessaires étant perfectionnés, les arts d'ostentation commencerent à être en honneur: Alors il se trouva des Souverains qui employerent leur sujets, & quelques Arabes, voisins du lac Sirbon, à bâtir leurs Palais & leurs tombeaux en pyramides, à tailler des pierres énormes dans les carrieres de la haute Égypte, à les embarquer sur des radeaux jusqu'à Memphis, à élever sur des colomnes massives de grandes pierres plates sans goût & sans proportion. Ils connurent le grand, & jamais le beau. Ils enseignerent les premiers Grecs, mais ensuite les Grecs furent leurs maîtres en tout, quand ils eurent bâti Alexandrie.

Il est triste, que dans la guerre de César, la moitié de la fameuse bibliotheque des Pto-

Joinées ait été brûlée, & que l'autre moitié ait chauffé les bains des Musulmants, quand Omar subjugua l'Égypte. On eut connu du moins l'origine des superstitions dont ce peuple fut infecté, le cahos de leur philosophie, quelques-unes de leurs antiquités & de leurs sciences.

Il faut absolument qu'ils eussent été en paix pendant plusieurs siecles, pour que leurs Princes eussent le temps & le loisir d'élever tous ces bâtiments prodigieux, dont la plupart subsistent encore.

Leurs pyramides coûterent bien des années & bien des dépenses ; il fallut qu'une nombreuse partie de la nation avec des esclaves étrangers, fût long-temps employée à ces ouvrages immenses. Ils furent élevés par le despotisme, la vanité, la servitude, & la superstition. En effet, il n'y avait qu'un Roi despotique qui pût forcer ainsi la nature. L'Angleterre, par exemple, est aujourd'hui plus puissante que n'était l'Égypte. Un Roi d'Angleterre pourrait-il employer sa nation à élever de tels monuments ?

La vanité y avait part sans doute ; c'était chez les anciens Rois d'Égypte à qui éléverait la plus belle pyramide à son pere ou à lui-même, la servitude procura la main d'œuvre. Et quant à la superstition, on sait que ces pyramides étaient des tombeaux, on sait que les Chochamatim ou Shoen d'Égypte, c'est-à dire, les Prêtres, avaient persuadé la nation que l'ame rentrerait dans son corps au bout de mille années. On voulait que le corps fût mille ans entiers à l'abri de toute corruption : c'est pourquoi on l'embaumait avec un soin si scrupuleux ; & pour le dérober aux accidents, on l'enfermait dans une masse de pierre sans issue. Les Rois, les Grands se dressaient des tombeaux dans la forme la moins en prise aux injures du temps. Leurs corps se sont conservés au delà des espérances humaines. Nous avons aujourd'hui des momies Égyptiennes de plus de quatre mille années. Des cadavres ont duré autant que des pyramides.

Cette opinion d'une résurrection après dix siecles, passa depuis chez les Grecs, disciples des Égyptiens, & chez les Romains, disciples des Grecs. On la retrouve dans le sixieme livre de l'Énéïde, qui n'est que la description des mysteres d'Isis & de Cérès Éleusine.

Has omnes u'i mille rotam volvere per annos
Lethæum ad fluvium Deus advocat agmine magno;
Scilicet ut memores supera & convexa revisant.

Elle s'introduisit ensuite chez les Chrétiens, qui établirent le regne de mille ans ; la secte des millénaires l'a fait revivre jusqu'à nos jours. C'est ainsi que plusieurs opinions ont fait le tour du monde. En voilà assez pour faire voir dans quel esprit on bâtit ces pyramides. Ne répétons pas ce qu'on a dit sur leur architecture & sur leurs dimensions ; je n'examine que l'histoire de l'esprit humain.

G iv

CHAPITRE XXII.

DES RITES ÉGYPTIENS, ET DE LA CIRCONCISION.

PRémierement les Égyptiens reconnurent-ils un Dieu suprême ? Si on eut fait cette question aux gens du peuple, ils n'auraient su que répondre ; si à des jeunes étudiants dans la Théologie Égyptienne, ils auraient parlé long-temps sans s'entendre ; si à quelqu'un des Sages consultés par Pithagore, par Platon, par Plutarque, il eut dit nettement qu'il n'adorerait qu'un Dieu ; il se serait fondé sur l'ancienne inscription de la statue d'Isis *Je suis ce qui est* ; & cette autre, *je suis tout ce qui a été & qui sera ; nul mortel ne pourra lever mon voile* ; il aurait fait remarquer le globe placé sur la porte du temple de Memphis, qui représentait l'unité de la nature divine sous le nom de *Knef*. Le nom même le plus sacré parmi les Égyptiens était celui que les Hébreux adoptèrent Y *ha ho*. On le prononce diversement ; mais Clément d'Alexandrie assure dans ses stromates, que ceux qui entraient dans le temple de Sérapis étaient obligés de porter sur eux le nom de *i ha ho*, ou bien celui de *i ha hou* qui signifie le Dieu éternel. Les Arabes n'en ont retenu que la sillabe *hou*, adoptée enfin par les Turcs, qui la prononcent avec encore plus de respect que le mot *allah* ; car ils se servent d'*allah* dans la conversation, & ils n'employent *hou* que dans leurs prieres. Disons ici en passant que quand l'Ambassadeur Turc Said Effendi, vit représenter à Paris le *Bourgeois Gentilhomme*, & cette cérémonie ridicule dans laquelle on le fait Turc, quand il entendit prononcer le nom sacré *hou* avec dérision & avec des postures extravagantes, il regarda ce divertissement comme la profanation la plus abominable.

Revenons. Les Prêtres d'Égypte nourrissaient un bœuf sacré, un chien sacré, un crocodile sacré ! oui, & les Romains eurent aussi des oyes sacrées ; ils eurent des Dieux de toute espece ; & les dévotes avaient parmi leurs pénates le Dieu de la chaise percée, *Deum stercutium*, & le Dieu Pet, *Deum crepitum* : mais en reconnaissaient-ils moins le *Deum optimum maximum*, le maître des Dieux & des hommes ? Quel est le pays qui n'ait pas eu une foule de superstitieux & un petit nombre de Sages ?

Ce qu'on doit sur-tout remarquer de l'Égypte & de toutes les nations, c'est qu'elles n'ont jamais eu d'opinions constantes, comme elles n'ont jamais eu de loix toujours uniformes, malgré l'attachement que les hommes ont à leur anciens usages Il n'y a d'immuable que la Géométrie, tout le reste est une variation continuelle.

Les Savants disputent & disputeront. L'un assure que les anciens peuples ont tous été idolâtres, l'autre le nie. L'un dit qu'ils n'ont adoré qu'un Dieu sans simulacre, l'autre qu'ils ont révéré plusieurs Dieux dans plusieurs simulacres; ils ont tous raison; il n'y a qu'à distinguer les temps & les hommes qui ont changé; rien ne fut jamais d'accord. Quand les Ptolomées & les principaux Prêtres se moquaient du bœuf Apis, le peuple tombait à genoux devant lui.

Juvenal a dit que les Égyptiens adoraient des ognons : mais aucun Historien ne l'avait dit. Il y a bien de la différence entre un ognon sacré & un ognon Dieu; on n'adore pas tout ce qu'on place, tout ce que l'on consacre sur un autel. Nous lisons dans Cicéron que les hommes qui ont épuisé toutes les superstitions ne sont point parvenus encore à celle de manger leurs Dieux, & que c'est la seule absurdité qui leur manque.

La Circoncision vient-elle des Égyptiens, des Arabes, ou des Éthiopiens ? Je n'en sais rien. Que ceux qui le savent le disent. Tout ce que je sais, c'est que les Prêtres de l'antiquité s'imprimaient sur le corps des marques de leur consécration, comme depuis on marqua d'un fer ardent la main des soldats Romains. Là des sacrificateurs se tailladoient le corps, comme firent depuis les Prêtres de Bellone : ici ils se faisoient eunuques, comme les Prêtres de Cibele.

Ce n'est point du tout par un principe de santé que les Éthiopiens, les Arabes, les Égyptiens se circoncirent. On a dit qu'ils avaient le prépuce trop long. Mais si on peut juger d'une nation par un individu, j'ai vu un jeune Éthiopien, qui, né hors de sa patrie, n'avait point été circoncis; je peux affurer que fon prépuce était précifément comme les nôtres.

Je ne fais pas quelle nation s'avifa la premiere de porter en proceffion le Kteis & le Phallum, c'eft à-dire, la repréfentation des fignes diftinctifs des animaux mâles & femelles; cérémonie aujourd'hui indécente, autrefois facrée. Les Égyptiens eurent cette coutume; on offrait aux Dieux des prémices; on leur immolait ce qu'on avait de plus précieux. Il paraît naturel & jufte que les Prêtres offriffent une légere partie de l'organe de la génération à ceux par qui tout s'engendrait. Les Éthiopiens, les Arabes circoncirent auffi leurs filles, en coupant une très-légere partie des nymphes; ce qui prouve bien que la fanté, ni la netteté ne pouvaient être la raifon de cette cérémonie; car affurément une fille incirconcife peut être auffe propre qu'une circoncife.

Quand les Prêtres d'Égypte eurent confacré cette opération, leurs initiés la fubirent auffi; mais avec le temps on abandonna aux feuls Prêtres cette marque diftinctive. On ne voit pas qu'aucun Ptolomée fe foit fait circoncire: & jamais les Auteurs Romains ne flétrirent le peuple Égyptien du nom d'*Appella* qu'ils donnaient aux Juifs. Ces Juifs avaient pris la circoncifion des Égyptiens avec une partie de leurs cérémonies. Ils l'ont toujours conservée, ainfi que les Arabes & les Éthiopiens. Les Turcs s'y font foumis, quoiqu'elle ne foit pas ordonnée dans l'Alcoran. Ce n'est qu'un ancien usage qui commença par la superstition, & qui s'est conservé par la coutume.

CHAPITRE XXIII.

DES MYSTERES DES ÉGYPTIENS.

JE suis bien loin de savoir quelle nation inventa la premiere ces mysteres, qui furent si accrédités depuis l'Euphrate jusqu'au Tibre. Les Égyptiens ne nomment point l'Auteur des mysteres d'Isis. Zoroastre passe pour en avoir établi en Perse, Cadmus & Inachus en Grece, Orphée en Thrace, Minos en Crète. Il est certain que tous ces mysteres annonçaient une vie future; car Celse dit aux Chrétiens * *Vous vous vantez de croire des peines éternelles*, & tous les ministres des mysteres ne les annoncerent-ils pas aux initiés ?

Les Grecs qui prirent tant de choses des Égyptiens, leur Tartaroth, dont ils firent le Tartare, le lac dont ils firent l'Achéron, le batelier Caron dont ils firent le nocher des morts, n'eurent leurs fameux mysteres d'Éleusine que d'après ceux d'Isis. Mais que les mysteres de Zoroastre n'aient pas précédé ceux des Égyptiens, c'est ce que personne ne peut affirmer. Les uns les au-

* Origene, liv. 8.

tres étaient de la plus haute antiquité; & tous les Auteurs Grecs & Latins qui en ont parlé, conviennent que l'unité de Dieu, l'immortalité de l'ame, les peines & les récompenses après la mort, étaient annoncées dans ces cérémonies sacrées.

Il y a grande apparence que les Égyptiens, ayant une fois établi ces mysteres, en conserverent les rites : car malgré leur extrême légéreté, ils furent constants dans la superstition. La priere que nous trouvons dans Apulée quand Lucius est initié aux mysteres d'Isis, doit être l'ancienne priere. » Les Puissances célestes te servent, les en- » fers te sont soumis, l'univers tourne sous » ta main, tes pieds foulent le Tartare, les » Astres répondent à ta voix, les saisons re- » viennent à tes ordres, les éléments t'obéis- » sent, &c.

Peut-on avoir une plus forte preuve de l'unité d'un seul Dieu reconnu par les Égyptiens, au milieu de toutes leurs superstitions méprisables ?

CHAPITRE XXIV.

Des Grecs, de leurs anciens déluges, de leurs alphabets, et de leur génie.

LA Grece est un petit pays montagneux entrecoupé par la mer, à peu près de l'étendue de la Grande-Bretagne. Tout atteste dans cette Contrée les révolutions physiques qu'elle a dû éprouver. Les Isles qui l'environnent, montrent assez par les écueils continus qui les bordent, par le peu de profondeur de la mer, par les herbes & les racines qui croissent sous les eaux, qu'elles ont été détachées du Continent. Les golfes de l'Eubée, de Calcis, d'Argos, de Corinthe, d'Actium, de Messene, apprennent aux yeux que la mer s'est fait des passages dans les terres. Les coquillages de mer, dont sont remplies les montagnes qui renferment la fameuse vallée de Tempé, sont des témoignages visibles d'une ancienne inondation. Et les déluges d'Ogigès & de Deucalion, qui ont fourni tant de fables, sont d'une vérité historique. C'est même probablement ce qui fait des Grecs un peuple si nouveau. Ces grandes révolutions les replongerent dans la barbarie, quand les nations de l'Asie & de l'Égypte étaient florissantes.

Je laisse à de plus savants que moi le soin de prouver que les trois enfants de Noé, qui étaient les seuls habitants du globe, le partagerent tout entier, qu'ils allerent chacun à deux ou trois mille lieues l'un de l'autre, fonder par-tout de puissants Empires, & que Javan son petit-fils, peupla la Grece en passant en Italie : que c'est de-là que les Grecs s'appellerent Ioniens, parce qu'Ion envoya des Colonies sur les Côtes de l'Asie mineure; que cet Ion est visiblement Javan, en changeant J en Ja, & on en van. On fait de ces contes aux enfants, & les enfants n'en croyent rien.

Nec pueri credunt nisi qui nondum ære lavantur.

Le déluge d'Ogigès est placé communément environ douze cents années avant la premiere Olimpiade. Le premier qui en parle est Aséfilas, cité par Eufebe dans sa préparation évangélique, & par Georges le Sincelle. La Grece, dit-on, resta presque déserte deux cents années après cette irruption de la mer dans le pays. Cependant, on prétend que dans le même temps il y avait un gouvernement établi à Sicione & dans Argos ; on cite même les noms des premiers Magistrats de ces petites Provinces, & on leur donne le nom de *Basiloi*, qui répond à celui des Princes. Ne perdons point de temps à pénétrer ces inutiles obscurités.

Il y eut encore une autre inondation du temps de Deucalion, fils de Prométhée. La fable ajouta qu'il ne resta des habitants de ces climats que Deucalion & Pirra, qui refirent des hommes en jettant des pierres derriere eux entre leurs jambes. Le genre humain se repeupla beaucoup plus vite qu'une garenne.

Si l'on en croit des hommes très-judicieux, comme Pétau le Jésuite, un seul fils de Noé produisit une race, qui, au bout de deux cents quatre-vingt-cinq ans, se montait à six cents vingt-trois milliards six cents douze millions d'hommes. Le calcul est un peu fort. Nous sommes aujourd'hui assez malheureux pour que de vingt-six mariages, il n'y en ait d'ordinaire que quatre, dont il reste des enfants qui deviennent peres. C'est ce qu'on a calculé sur les relevés des regiſtres de nos plus grandes Villes. De mille enfants nés dans une même année, il en reſte à peine six cents au bout de vingt ans. Défions-nous de Pétau & de ſes ſemblables, qui font des enfants à coup de plume, auſſi-bien que de ceux qui ont dit que Deucalion & Pirra peuplerent la Grece à coups de pierres.

La Grece fut, comme on ſait, le pays des fables, & preſque chaque fable fut l'origine d'un culte, d'un temple, d'une fête publique. Par quel excès de démence par quelle opiniâtreté abſurde tant de compilateurs ont-ils voulu prouver dans tant de volumes énormes, qu'une fête publique établie en mémoire d'un événement, était une démonſtration de la vérité de cet événement? Quoi, parce qu'on célébrait dans un temple le jeune Bacchus ſortant de la cuiſſe de Jupiter, ce Jupiter avait en effet gardé ce Bacchus dans ſa cuiſſe! Quoi, Cadmus & ſa femme avaient été changés en ſerpents dans la Béotie, parce que les Béotiens en faiſoient commémoration dans leurs cérémonies! Le temple de Caſtor & de Pollux à Rome démontrait-il que ces Dieux étaient venus combattre en faveur des Romains?

Soyez ſûr bien plutôt quand vous voyez une ancienne fête, un temple antique, qu'ils ſont les ouvrages de l'erreur. Cette erreur s'accrédite au bout de deux ou trois ſiecles; elle devient enfin ſacrée; & on bâtit des temples à des chimeres.

Dans

Dans les temps historiques, au contraire, les plus nobles vérités trouvent peu de sectateurs; les plus grands hommes meurent sans honneur. Les Thémistocles, les Cimons, les Miltiades, les Aristides, les Phocions sont persécutés, tandis que Persée, Bacchus & d'autres personnages fantastiques ont des temples.

On peut croire un peuple sur ce qu'il dit de lui-même à son désavantage, quand ses récits sont accompagnés de vraisemblance, & qu'ils ne contredisent en rien l'ordre ordinaire de la nature.

Les Athéniens qui étaient épars dans un terrein très-stérile, nous apprennent eux-mêmes qu'un Égyptien, nommé Cécrops, chassé de son pays, leur donna leurs premieres institutions. Cela paraît surprenant, puisque les Égyptiens n'étaient pas navigateurs: mais il se peut que les Phéniciens qui voyagent chez toutes les nations aient amené ce Cécrops dans l'Attique. Ce qui est bien sûr, c'est que les Grecs ne prirent point les lettres Égyptiennes, à qui les leurs ne ressemblent point du tout. Les Phéniciens leur portèrent leur premier alphabeth, qui ne consistait alors qu'en seize caracteres, qui sont évidemment les mêmes. Les Phéniciens depuis y ajouterent huit autres lettres que les Grecs adopterent encore.

Je regarde un Alphabeth comme un monument incontestable du pays dont une nation a tiré ses premieres connoissances. Il paraît encore bien probable que ces Phéniciens exploiterent les mines d'argent qui étaient dans l'Attique, comme ils travaillerent à celles d'Espagne. Des marchands furent les premiers précepteurs de ces mêmes Grecs, qui depuis instruisirent tant d'autres nations.

Ce peuple, tout barbare qu'il était au temps d'Ogigès, paraît né avec des organes plus favorables aux beaux arts que tous les autres peuples. Ils avaient dans leur nature je ne sais quoi de plus fin & de plus délié; leur langage en est un témoignage; car avant même qu'ils sussent écrire, on voit qu'ils eurent dans leur langue un mélange harmonieux de consonnes douces, & de voyelles qu'aucun peuple de l'Asie n'a jamais connu.

Certainement le nom de *Knath* qui désigne les Phéniciens selon Sanchoniathon, n'est pas si harmonieux que celui *d'Hellenos* ou *Graios*. Argos, Athenes, Lacédémone, Olimpie, sonnent mieux à l'oreille que la ville de Reheboth. *Sophia*, la sagesse, est plus doux que *Shochemath*, en Siriaque & en Hébreu *Basileus*, Roi, sonne mieux que Melk ou Shack. Comparez les noms d'Agamemnon, de Diomede, d'Idoménée à ceux de Mardokempad, Simordak, Sohasduch, Niricassolahstar. Joseph lui-même dans son livre contre Appion, avoue que les Grecs ne pouvaient prononcer le nom barbare de *Jérusalem*, c'est que les Juifs prononçaient *Hershalaïm* : ce mot écorchait le gosier d'un Athénien : & ce furent les Grecs qui changerent Herfalaïm en Jérufalem.

Les Grecs transformerent tous les noms rudes Siriaques, Perfans, Égyptiens. De *Coresh* ils firent *Cirus*; d'Isheth, Oshireth, ils firent *Ifis* & *Ofiris*; de Moph, ils firent *Memphis*, & accoutumerent enfin les barbares à prononcer comme eux; de forte que du temps des Ptolomées, les Villes & les Dieux d'Égypte n'eurent plus que des noms à la Grecque.

Ce font les Grecs qui donnerent le nom à l'Inde & au Gange. Le Gange s'appellait *Sannoubi* dans la langue des Brames; l'Indus *Sombadipo*. Tels font les anciens noms qu'on trouve dans le Védam.

Les Grecs en s'étendant fur les côtes de l'Afie mineure y amenerent l'harmonie. Leur Homere nâquit probablement à Smyrne.

La belle Architecture, la Sculpture perfectionnée, la Peinture, la bonne Mufique, la vraie Poéfie, la vraie éloquence, la maniere de bien écrire l'hiftoire, enfin, la Philofophie même quoiqu'informe & obfcure, tout cela ne parvint aux nations que par les Grecs. Les derniers venus l'emporterent en tout fur leurs maitres.

L'Égypte n'eut jamais de belles ftatues que de la main des Grecs. L'ancienne Balbek en Sirie, l'ancienne Palmire en Arabie, n'eurent ces Palais, ces temples réguliers & magnifiques, que lorfque les Souverains de ce pays appellerent des Artiftes de la Grece. On ne voit que des reftes de barbarie, comme on l'a déja dit ailleurs,

H ij

dans les ruines de Persépolis bâtie par les Perses ; & les monuments de Balbek & de Palmire, sont encore sous leurs décombres des chefs-d'œuvres d'Architecture.

CHAPITRE XXV.

Des Législateurs Grecs, de Minos, d'Orphée, de l'Immortalité de l'Ame.

Que des compilateurs répetent les batailles de Marathon & de Salamine, ce sont de grands exploits assez connus, que d'autres répetent qu'un petit-fils de Noé nommé *Settim*, fut Roi de Macédoine, parce que dans le premier livre des Maccabées, il est dit qu'Alexandre sortit du pays de Kittim ; je m'attacherai à d'autres objets.

Minos vivait à peu près au temps où nous plaçons Moyse ; & c'est même ce qui a donné au savant Huet, Évêque d'Avranche, quelque faux prétexte de soutenir que Minos, né en Créte, & Moyse né sur les confins de l'Égypte, étaient la même personne; systême qui n'a trouvé aucun partisan tout absurde qu'il est.

Ce n'est pas ici une fable Grecque ; il est indubitable que Minos fut un Roi législateur. Les fameux marbres de Paros, monument le plus précieux de l'antiquité (& que nous devons aux Anglais) fixent sa naissance quatorze cents quatre-vingt-deux ans avant nôtre Ére vulgaire. Homere l'appelle dans l'Odyssée *le sage confident de Dieu*. Flavien Joseph ne balance pas à dire qu'il reçut les loix d'un Dieu. Cela est un peu étrange dans un Juif qui ne semblait pas devoir admettre d'autre Dieu que le sien, à moins qu'il ne pensât comme les Romains ses maitres, & comme chaque premier peuple de l'antiquité, qui admettait l'existence de tous les Dieux des autres nations.

Il est sûr que Minos était un Législateur très-sévere, puisqu'on supposa qu'après sa mort il jugeait les ames des morts dans les enfers; il est évident qu'alors la croyance d'une autre vie était généralement répandue dans une assez grande partie de l'Asie & de l'Europe.

Orphée est un personnage aussi réel que Minos; il est vrai que les marbres de Paros n'en font point mention, c'est probablement parce qu'il n'était pas né dans la Grece proprement dite, mais dans la Thrace. Quelques-uns ont douté de l'existence du premier Orphée, sur un passage de Cicéron, dans son excellent livre sur la nature des Dieux. Cotta, un des interlocuteurs, prétend qu'Aristote ne croyait pas que cet Orphée eut été chez les Grecs, mais Aristote n'en parle pas dans les ouvrages que nous avons de lui. L'opinion de Cotta n'est pas d'ailleurs celle de Cicéron. Cent Auteurs anciens parlent d'Orphée. Les mysteres qui portent son nom, lui rendaient témoignage. Pausanias, l'Auteur le plus exact qu'aient jamais eu les

Grecs, dit que ses vers étaient chantés dans les cérémonies religieuses, de préférence à ceux d'Homere qui ne vint que long-temps après lui. On sait bien qu'il ne descendit pas aux enfers ; mais cette fable même prouve que les enfers étaient un point de la Théologie de ces temps reculés.

L'opinion vague de la permanence de l'ame après la mort, ame aërienne, ombre du corps, manes, souffle léger, ame inconnue, ame incompréhensible, mais existante, & la croyance des peines & des récompenses dans une autre vie, étaient admises dans toute la Grece, dans les Isles, dans l'Asie, dans l'Égypte.

Les Juifs seuls parurent ignorer absolument ce mystere ; le livre de leurs loix n'en dit pas un seul mot ; on n'y voit que des peines & des récompenses temporelles. Il est dit dans l'Exode, *Honore ton pere & ta mere, afin qu'Adonaï prolonge tes jours sur la terre*, & le livre du Zend (Porte 1.) dit, *Honnore pere & mere, afin de mériter le Ciel.*

L'Évêque Warburton qui a démontré que le Pentateuque ne fait aucune mention de l'immortalité de l'ame, prétend que ce dogme n'était pas nécessaire dans la théocratie. Arnaud, dans son apologie de Port-Royal, s'exprime ainsi : „ C'est le comble de l'igno-
„ rance de mettre en doute cette vérité,
„ qui est des plus communes, & qui est
„ attestée par tous les peres, que les pro-
„ messes de l'ancien testament n'étaient que

„ temporelles & terrestres, & que les Juifs
„ n'adoraient Dieu que pour les biens char-
„ nels.

On a objecté que si les Perses, les Arabes, les Siriens, les Indiens, les Égyptiens, les Grecs croyaient l'immortalité de l'ame, une vie à venir, des peines & des récompenses éternelles, les Hébreux pouvaient bien aussi les croire ; que si tous les Législateurs de l'antiquité ont établi de sages loix sur ce fondement, Moyse pouvait bien en user de même ; que s'il ignorait ces dogmes utiles, il n'était pas digne de conduire une nation ; que s'il les savait, & les cachait, il en était encore plus indigne.

On répond à ces arguments que Dieu, dont Moyse était l'organe, daignait se proportionner à la grossiéreté des Juifs. Je n'entre point dans cette question épineuse ; & respectant toujours tout ce qui est divin, je continue l'examen de l'histoire des hommes.

CHAPITRE XXVI.
DES SECTES DES GRECS.

IL paraît que chez les Égyptiens, chez les Persans, chez les Caldéens, chez les Indiens, il n'y avait qu'une secte de Philosophie. Les Prêtres de toutes ces nations étant tous d'une race particuliere : ce qu'on appellait la sagesse, n'appartenait qu'à cette race. Leur langue sacrée, inconnue au peuple ne laissait le dépôt de la science qu'entre leurs mains. Mais dans la Grece plus libre & plus heureuse, l'accès de la raison fut ouvert à tout le monde ; chacun donna l'essor à ses idées ; & c'est ce qui rendit les Grecs le peuple le plus ingénieux de la terre. C'est ainsi que de nos jours la nation Anglaise est devenue la plus éclairée, parce qu'on peut penser impunément chez elle.

Les Stoïques admirent une ame universelle du monde, dans laquelle les ames de tous les êtres vivants se replongeaient. Les Épicuriens nierent qu'il y eut une ame, & ne connurent que des principes physiques. Ils soutinrent que les Dieux ne se mêlaient pas des affaires des hommes, & on laissa les Épicuriens en paix comme ils y laissaient les Dieux.

Les écoles retentirent depuis Thalès jusqu'au temps de Platon & d'Aristote, de disputes philosophiques qui toutes décelent la sagacité & la folie de l'esprit humain, sa grandeur & sa faiblesse. On argumenta presque toujours sans s'entendre, comme nous avons fait depuis le treizieme siecle où nous commençâmes à raisonner.

La réputation qu'eut Platon ne m'étonne pas ; tous les Philosophes étaient inintelligibles, il l'était autant que les autres, & s'exprimait avec plus d'éloquence. Mais quel succès aurait Platon, s'il paraissait aujourd'hui dans une compagnie de gens de bon sens, & s'il leur disait ces belles paroles qui sont dans son Timée.

,, De la substance indivisible & de la di-
,, visible, Dieu composa une troisieme espe-
,, ce de substance au milieu des deux, te-
,, nant de la nature *du même* & *de l'autre*;
,, puis prenant ces trois natures ensemble, il
,, les mêla toutes en une seule forme, &
,, força la nature de l'ame à se mêler avec
,, la nature *du même*, & les ayant mêlées
,, avec la substance, & de ces trois ayant fait
,, un suppôt, il le divisa en portions conve-
,, nables; chacune de ces portions était mê-
,, lée *du même*, & *de l'autre*; & de la subs-
,, tance il fit sa division.

Ensuite il explique avec la même clarté le quaternaire de Pithagore. Il faut convenir que des hommes raisonnables qui viendraient de lire *l'entendement humain* de Loke, prierent Platon d'aller à son école.

Ce galimatias du bon Platon n'empêche pas qu'il n'y ait de temps en temps de tres-belles idées dans ses ouvrages. Les Grecs avaient tant d'esprit qu'ils en abuserent; mais ce qui leur fait beaucoup d'honneur, c'est qu'aucun de leurs gouvernements ne gêna les pensées des hommes. Il n'y a que Socrate dont il soit avéré que ses opinions lui coûterent la vie; & il fut encore moins la victime de ses opinions que celle d'un parti violent élevé contre lui. Les Athéniens, à la vérité, lui firent boire de la ciguë; mais on sait combien ils s'en repentirent; on sait qu'ils punirent ses accusateurs, & qu'ils éleverent un temple à celui qu'ils avaient condamné. Athenes laissa une liberté entiere, non-seulement à la Philosophie, mais à toutes les Religions. Elle recevait tous les Dieux étrangers, elle avait même un autel dédié aux Dieux inconnus.

Il est incontestable que les Grecs reconnaissaient un Dieu suprême, ainsi que toutes les nations dont nous avons parlé. Leur *Zeus*, leur Jupiter était le maître des Dieux & des hommes. Cette opinion ne changea jamais depuis Orphée ; on la retrouve cent fois dans Homere : tous les autres Dieux sont inférieurs. On peut les comparer aux Péris des Perses, aux génies des autres nations orientales. Tous les Philosophes, excepté les Stratoniciens & les Épicuriens, reconnurent l'Architecte du monde, le Demiourgos.

Ne craignons point de trop peser sur cette grande vérité historique, que la raison humaine commencée adora quelque puissance, quelque être qu'on croyait au-dessus du pouvoir ordinaire, soit le soleil, soit la lune ou les étoiles ; que la raison humaine cultivée adora, malgré toutes ses erreurs, un Dieu suprême, maître des éléments & des autres Dieux, & que toutes les nations policées depuis l'Inde jusqu'au fond de l'Europe, crurent en général une vie à venir, quoique plusieurs sectes de Philosophes eussent une opinion contraire.

CHAPITRE XXVII.

DE ZALEUCUS,

ET DE QUELQUES AUTRES LÉGISLATEURS.

J'Ose ici défier tous les Moralistes & tous les Législateurs, & je leur demande à tous s'ils ont dit rien de plus beau & de plus utile que l'exorde des loix de Zaleucus, qui vivait avant Pitagore, & qui fut le premier Magistrat des Locriens.

,, Tout citoyen doit être persuadé de
,, l'existence de la Divinité. Il suffit d'ob-
,, server l'ordre & l'harmonie de l'univers,
,, pour être convaincu que le hasard ne peut
,, l'avoir formé. On doit maîtriser son ame,
,, la purifier, en écarter tout mal, persuadé
,, que Dieu ne peut être bien servi par les
,, pervers, & qu'il ne ressemble point aux
,, misérables mortels qui se laissent toucher
,, par de magnifiques cérémonies, & par de
,, somptueuses offrandes. La vertu seule,
,, & la disposition constante à faire le bien,
,, peuvent lui plaire. Qu'on cherche donc à
,, être juste dans ses principes & dans la pra-
,, tique, c'est ainsi qu'on se rendra cher à la
,, Divinité. Chacun doit craindre ce qui me-
,, ne à l'ignominie, bien plus que ce qui
,, conduit à la pauvreté. Il faut regarder
,, comme le meilleur citoyen celui qui aban-
,, donne la fortune pour la justice; mais ceux

« que leurs passions violentes entraînent vers
« le mal, hommes, femmes, citoyens, sim-
« ples habitants doivent être avertis de se
« souvenir des Dieux, & de penser souvent
« aux jugements sévères qu'ils exercent con-
« tre les coupables; qu'ils aient devant les
« yeux l'heure de la mort, l'heure fatale qui
« nous attend tous, heure où le souvenir
« des fautes amène les remords, & le vain
« repentir de n'avoir pas soumis toutes ses
« actions à l'équité.

« Chacun doit donc se conduire à tout
« moment, comme si ce moment était le
« dernier de sa vie; mais si un mauvais gé-
« nie le porte au crime, qu'il fuie aux pieds
« des Autels, qu'il prie le Ciel d'écarter
« loin de lui ce génie malfaisant, qu'il se jette
« sur-tout entre les bras des gens de bien,
« dont les conseils le rameneront à la vertu
« en lui représentant la bonté de Dieu & sa
« vengeance. »

Non, il n'y a rien dans toute l'antiquité qu'on puisse préférer à ce morceau simple & sublime, dicté par la raison & par la vertu, dépouillé d'enthousiasme & de ces figures gigantesques que le bon sens désavoue.

Charondas, qui suivit Zaleucus, s'expliqua de même. Les Platons, les Cicérons, les divins Antonins, n'eurent point depuis d'autre langage. C'est ainsi que s'explique en cent endroits ce Julien qui eut le malheur d'abandonner la Religion Chrétienne, mais qui fit tant d'honneur à la naturelle; Julien, le scandale de notre Église & la gloire de l'Empire Romain.

Il faut, dit il, *instruire les ignorants, & non les punir; les plaindre, & non les haïr. Le devoir d'un Empereur est d'imiter Dieu: l'imiter, c'est d'avoir le moins de besoins, & de faire le plus de bien qu'il est possible.* Que ceux donc qui insultent l'antiquité apprennent à la connaître; qu'ils ne confondent pas les sages Législateurs avec des conteurs de fables, qu'ils sachent distinguer les loix des plus sages Magistrats, & les usages ridicules des peuples; qu'ils ne disent point, on inventa des cérémonies superstitieuses, on prodigua de faux oracles & de faux prodiges, donc tous les Magistrats de la Grece & de Rome qui les toléraient, étaient des aveugles trompés & des trompeurs; c'est comme s'ils disaient, il y a des Bonzes à la Chine qui abusent la populace, donc le sage Confucius était un misérable imposteur.

On doit dans un siecle aussi éclairé que le nôtre rougir de ces déclamations que l'ignorance a si souvent débitées contre des Sages qu'il fallait imiter, & non pas calomnier. Ne sait-on pas que dans tout pays le vulgaire est imbécille, superstitieux, insensé? N'y a-t-il pas peu des convulsionnaires dans la patrie du Chancelier de l'Hôpital, de Charon, de Montagne, de la Motte-le-Vayer, de Descartes, de Bayle, de Fontenelle, de Montesquieu? N'y a-t-il pas des methodistes, des moraves, des millénaires, des fanatiques de toute espece dans le pays qui eut le bonheur de donner naissance au Chancelier Bacon, à ces génies immortels Neuton & Loke, & à une foule des grands hommes?

CHAPITRE XXVIII.

DE BACCHUS.

Excepté les fables visiblement allégoriques, comme celles des muses, de Vénus, des Graces, de l'Amour, de Zéphir & de Flore, & quelques-unes de ce genre, toutes les autres sont un ramas de contes qui n'ont d'autre mérite que d'avoir fourni de beaux vers à Ovide & à Quinaut, & d'avoir exercé le pinceau de nos meilleurs Peintres ; mais il en est une qui paraît mériter l'attention de ceux qui aiment les recherches de l'antiquité, c'est la fable de Bacchus.

Ce Bacchus, ou Back, ou Backos, ou Dionisios, fils de Dieu, a-t-il été un personnage véritable ? Tant de nations en parlent ainsi que d'Hercule : on a célébré tant d'Hercules & tant de Bacchus différents, qu'on peut supposer qu'en effet il y a eu un Bacchus ainsi qu'un Hercule.

Ce qui est indubitable, c'est que dans l'Égypte, dans l'Asie & dans la Grece, Bacchus ainsi qu'Hercule était reconnu pour un demi-Dieu, qu'on célébrait leurs fêtes, qu'on leur attribuait des miracles, qu'il y avait des mysteres institués au nom de Bacchus avant qu'on connût les livres Juifs.

On fait assez que les Juifs ne communiquerent leurs livres aux étrangers que du temps de Ptolomée Philadelphe, environ deux cents trente ans avant notre Ére. Or, avant ce temps l'Orient & l'Occident rétentissaient des Orgies de Bacchus. Les vers attribués à l'ancien Orphée, célebrent les conquêtes & les bienfaits de ce prétendu demi-Dieu. Son histoire est si ancienne que les Peres de l'Église ont prétendu que Bacchus était Noé, parce que Bacchus & Noé passent tous deux pour avoir cultivé la vigne.

Hérodote, en rapportant les anciennes opinions, dit que Bacchus était un Égyptien élevé dans l'Arabie heureuse. Les vers Orphiques disent qu'il fut sauvé des eaux dans un petit coffre, qu'on l'appella Misem, en mémoire de cette aventure, qu'il fut instruit des secrets des Dieux, qu'il avait une verge qu'il changeait en serpent quand il voulait, qu'il passa la mer Rouge à pied sec, comme Hercule passa depuis dans son gobelet le détroit de Calpé & d'Abila ; que quand il alla dans les Indes, lui & son armée jouissaient de la clarté du Soleil pendant la nuit, qu'il toucha de sa baguette enchanteresse les eaux du fleuve Oronte & de l'Hidaspe, & que ces eaux s'écoulerent pour lui laisser un passage libre. Il est dit même qu'il arrêta le cours du soleil & de la lune. Il écrivit ses loix sur deux tables de pierre. Il était anciennement représenté avec des cornes ou des rayons qui partaient de sa tête.

Il n'est pas étonnant après cela que plusieurs savants hommes, & sur-tout Bochart & Huet dans nos derniers temps, aient prétendu que Bacchus est une copie de Moyse & de Josué. Tout concourt à favoriser la ressemblance : car Bacchus s'appellait chez les Égyptiens Arsaphe, & parmi les noms que les peres ont donnés à Moyse on y trouve celui d'Osasirph.

Entre ces deux histoires qui paraissent semblables en tant de points, il n'est pas douteux que celle de Moyse ne soit la vérité, & que celle de Bacchus ne soit la fable. Mais il paraît que cette fable était connue des nations long-temps avant que l'histoire de Moyse fût parvenue jusqu'à elles. Aucun Auteur Grec n'a cité Moyse avant Longin, qui vivait sous l'Empereur Aurélien ; & tous avaient célébré Bacchus.

Il paraît incontestable que les Grecs ne purent prendre l'idée de Bacchus dans le livre de la loi juive qu'ils n'entendaient pas, & dont ils n'avaient pas la moindre connaissance, livre d'ailleurs si rare chez les Juifs mêmes, que sous le Roi Josias on n'en trouva qu'un seul exemplaire ; livre presqu'entiérement perdu pendant l'esclavage des Juifs transportés en Caldée & dans le reste de l'Asie ; livre restauré ensuite par Esdras dans les temps florissants d'Athenes, & des autres Républiques de la Grece ; temps où les mysteres de Bacchus étaient déja institués.

Dieu permit donc que l'esprit de mensonge divulguât les absurdités de la vie de Bacchus.

chus chez cent nations, avant que l'esprit de vérité fit connaître la vie de Moyse à aucun peuple, excepté aux Juifs.

Le savant Évêque d'Avranche, frappé de cette étonnante ressemblance, ne balança pas à prononcer que Moyse était non-seulement Bacchus, mais le Thaut, l'Osiris des Égyptiens. Il ajoute même, * pour allier les contraires, que Moyse était aussi leur Typhon, c'est-à-dire, qu'il était à la fois le bon & le mauvais principe, le protecteur & l'ennemi, le Dieu & le diable reconnu en Égypte.

Moyse, selon ce savant homme, est le même que Zoroastre. Il est Esculape, Amphion, Apollon, Faunus, Janus, Persée, Romulus, Vertumne, & enfin Adonis & Priape. La preuve qu'il était Adonis, c'est que Virgile a dit :

Et formosus oves ad flumina pavit Adonis.
Et le bel Adonis a gardé les moutons.

Or, Moyse garda les moutons vers l'Arabie. La preuve qu'il était Priape est encore meilleure : c'est que quelquefois on représente Priape avec un âne, & que les Juifs passerent pour adorer un âne. Huet ajoute pour derniere confirmation, ** que la verge de Moyse pouvait fort bien être comparée au Sceptre de Priape :

Sceptrum Priapo tribuitur virga Moysi.

---

* Proposition 4, pag. 79 & 87.
** Huet, pag. 110.

Voilà ce que Huet appelle fa démonftration. Elle n'eft pas à la vérité géométrique. Il eft à croire qu'il en rougit les dernieres années de fa vie, & qu'il fe fouvenait de fa démonftration, quand il fit fon Traité de la faibleffe de l'efprit humain, & de l'incertitude de fes connaiffances.

CHAPITRE XXIX.

DES MÉTAMORPHOSES CHEZ LES GRECS RECUEILLIES PAR OVIDE.

L'Opinion de la migration des ames, conduit naturellement aux métamorphofes, comme nous l'avons déja vu. Toute idée qui frappe l'imagination & qui l'amufe, s'étend bientôt par tout le monde. Dès que vous m'avez perfuadé que mon ame peut entrer dans le corps d'un cheval, vous n'aurez pas de peine à me faire croire que mon corps peut être changé en cheval auffi.

Les métamorphofes recueillies par Ovide, dont nous avons déja dit un mot, ne devaient point du tout étonner un Pithagoricien, un Brame, un Caldéen, un Égyptien. Les Dieux s'étaient changés en animaux dans l'ancienne Égypte. Derceto était devenue poiffon en Syrie ; Sémiramis avait été changé en colombe à Babilone. Les Juifs dans des temps très poftérieurs, écrivent que Nabuchodonofor fut changé en bœuf, fans compter la femme de Loth, transformée en statue de sel. N'est-ce pas même une métamorphose réelle, quoique passagere, que toutes les apparitions des Dieux & des génies sous la forme humaine ?

Un Dieu ne peut guere se communiquer à nous qu'en se métamorphosant en homme. Il est vrai que Jupiter prit la figure d'un beau cygne pour jouir de Léda ; mais ces cas sont rares, & dans toutes les Religions la Divinité prend toujours la figure humaine, quand elle vient donner des ordres. Il serait difficile d'entendre la voix des Dieux, s'ils se présentaient à nous en ours ou en crocodiles.

Enfin les Dieux se métamorphoserent presque par-tout ; & dès que nous fûmes instruits des secrets de la magie, nous nous métamorphosâmes nous-mêmes. Plusieurs personnes dignes de foi se changerent en loups. Le mot de loup-garou atteste encore parmi nous cette métamorphose.

Ce qui aide beaucoup à croire toutes ces transmutations & tous les prodiges de cette espece, c'est qu'on ne peut prouver en forme leur impossibilité. On n'a nul argument à pouvoir alléguer à quiconque vous dira : Un Dieu vint hier chez moi sous la figure d'un beau jeune homme, & ma fille accouchera dans neuf mois d'un bel enfant que le Dieu a daigné lui faire. Mon frere qui a osé en douter, a été changé en loup ; Il court & hurle actuellement dans les bois. Si la fille accouche en effet, si l'homme devenu loup vous affirme qu'il a subi en effet cette métamorphose, vous ne pouvez démontrer que la chose n'est pas vraie. Vous n'auriez d'autre ressource que d'assigner devant les Juges le jeune homme qui a contrefait le Dieu, & fait l'enfant à la Demoiselle, qu'à faire observer l'oncle loup-garou, & à prendre des témoins de son imposture; mais la famille ne s'exposera pas à cet examen; elle vous soutiendra avec les Prêtres du canton que vous êtes un profane & un ignorant; ils vous feront voir que puisqu'une chenille est changée en papillon, un homme peut tout aussi aisément être changé en bête, & si vous disputez, vous serez déféré à l'inquisition du pays comme un impie, qui ne croit ni aux loups-garoux, ni aux Dieux qui engrossissent les filles.

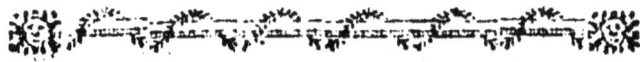

CHAPITRE XXX.

DE L'IDOLATRIE.

APrès avoir lu tout ce qu'on a écrit sur l'idolâtrie, on ne trouve rien qui en donne une notion précise. Il semble que Loke soit le premier qui ait appris aux hommes à définir les mots qu'ils prononçaient, & à ne point parler au hasard. Le terme qui répond à l'idolâtrie ne se trouve dans aucune langue ancienne; c'est une expression des Grecs des derniers âges, dont on ne s'était jamais servi avant le second siecle de notre Ére. Elle signifie adoration d'images. C'est un terme de reproche, un mot injurieux. Jamais aucun peuple n'a pris la qualité d'idolâtre, jamais aucun Gouvernement n'ordonna qu'on adorât une image comme le Dieu suprême de la nature. Les anciens Caldéens, les anciens Arabes, les anciens Perses, n'eurent long-temps ni images, ni temples. Comment ceux qui vénéraient dans le soleil, les astres & le feu, les emblêmes de la Divinité, peuvent-ils être appellés idolâtres ? Ils révéraient ce qu'ils voyaient. Mais certainement révérer le soleil & les astres, ce n'est pas adorer une figure taillée par un ouvrier ; c'est avoir un culte erroné, mais ce n'est point être idolâtre.

Je suppose que les Égyptiens aient adoré réellement le chien Anubis & le bœuf Apis, qu'ils aient été assez fous pour ne les pas regarder comme des animaux consacrés à la Divinité, & comme un emblême du bien que leur Isheth, leur Isis, faisait aux hommes, pour croire même qu'un rayon céleste animât ce bœuf & ce chien consacrés, il est clair que ce n'était pas adorer une statue. Une bête n'est pas une idole.

Il est indubitable que les hommes eurent des objets de culte avant d'avoir des Sculpteurs, & il est clair que ces hommes si anciens ne pouvaient point être appellés idolâtres. Il reste donc à savoir si ceux qui firent enfin placer des statues dans les temples, & qui firent révérer ces statues, se nommerent adorateurs de statues, & leurs peuples adorateurs de statues. C'est assurément ce qu'on ne trouve dans aucun monument de l'antiquité.

Mais en ne prenant point le titre d'idolâtres l'étaient-ils en effet? Était-il ordonné de croire que la statue de bronze qui représentait la figure fantastique de Bel à Babilone était le maître, le Dieu, le Créateur du monde? La figure de Jupiter était-elle Jupiter même? N'est-ce pas, s'il est permis de comparer les usages de notre sainte Religion avec les usages antiques, n'est-ce pas comme si on disait que nous adorons la figure du Pere Eternel avec une barbe longue, la figure d'une femme & d'un enfant, la figure d'une colombe? Ce sont des ornements emblématiques dans nos temples. Nous les adorons si peu que quand ces statues sont de bois on s'en chauffe, dès qu'elles pourrissent, on en érige d'autres; elles sont de simples avertissements qui parlent aux yeux & à l'imagination. Les Turcs & les réformés croyent que les Catholiques sont idolâtres, mais les Catholiques ne cessent de protester contre cette injure.

Il n'est pas possible qu'on adore réellement une statue, ni qu'on croie que cette statue est le Dieu suprême. Il n'y avait qu'un Jupiter, mais il y avait mille de ses statues. Or, ce Jupiter qu'on croyait lancer la foudre, était supposé habiter les nuées, ou le mont Olimpe, ou la planette qui porte son nom. Ses figures ne lançaient point la foudre, & n'étaient ni dans une planette, ni dans les nuées, ni sur le mont Olimpe. Toutes les prieres étaient adressées aux Dieux immortels, & assurément les statues n'étaient pas immortelles.

Des fourbes, il est vrai, firent croire, & des superstitieux crurent, que des statues avaient parlé. Combien de fois nos peuples grossiers n'ont-ils pas eu la même crédulité? Mais jamais chez aucun peuple ces absurdités ne furent la religion de l'État. Quelque vieille imbécille n'aura pas distingué la statue & le Dieu; ce n'est pas une raison d'affirmer que le gouvernement pensait comme cette vieille. Les Magistrats voulaient qu'on révérât les représentations des Dieux adorés, & que l'imagination du peuple fût fixée par ces signes visibles. C'est précisément ce qu'on fait dans la moitié de l'Europe. On a des figures qui représentent Dieu le Pere sous la forme d'un vieillard, & on sait bien que Dieu n'est pas un vieillard. On a des images de plusieurs Saints qu'on vénere, & on sait bien que ces Saints ne sont pas Dieu le Pere.

De même, si on ose le dire, les anciens ne se méprenaient pas entre les demi-Dieux, les Dieux, & le maître des Dieux. Si ces anciens étaient idolâtres pour avoir des statues dans leurs temples, la moitié de la Chrétienté est donc idolâtre aussi; & si elle ne l'est pas, les nations antiques ne l'étaient pas davantage.

En un mot, il n'y a pas dans toute l'antiquité un seul Poëte, un seul Philosophe, un seul homme d'État qui ait dit qu'on adorait de la pierre, du marbre, du bronze, ou du bois. Les témoignages du contraire sont innombrables : les nations idolâtres sont donc comme les sorciers, on en parle, mais il n'y en eut jamais.

Un commentateur a conclu qu'on adorait réellement la statue de Priape, parce qu'Horace en faisant parler cet épouvantail, lui fait dire, *J'étais autrefois un tronc, l'ouvrier incertain s'il en ferait un Dieu ou une escabelle, prit le parti d'en faire un Dieu*, &c. Le commentateur cite le Prophète Baruc, pour prouver que du temps d'Horace on regardait la figure de Priape comme une Divinité réelle. Il ne voit pas qu'Horace se mocque & du prétendu Dieu & de sa statue. Il se peut qu'une de ses servantes en voyant cette énorme figure, crut qu'elle avait quelque chose de divin : mais assurément tous ces Priapes de bois, dont les jardins étaient remplis pour chasser les oiseaux, n'étaient pas regardés comme les créateurs du monde.

Il est dit que Moyse, malgré la loi divine de ne faire aucune représentation d'hommes ou d'animaux, érigea un serpent d'airain, ce qui était une imitation du serpent d'argent que les Prêtres d'Égypte portaient en procession ; mais quoique ce serpent fût fait pour guérir les morsures des serpents véritables, cependant on ne l'adorait pas. Salomon mit deux Chérubins dans le temple ; mais on ne regardait pas ces Chérubins comme des

Dieux. Si donc dans le temple des Juifs & dans les nôtres, on a respecté des statues sans être idolâtres, pourquoi tant de reproches aux autres nations ? Ou nous devons les absoudre, ou elles doivent nous accuser.

CHAPITRE XXXI.
DES ORACLES.

IL est évident qu'on ne peut savoir l'avenir, parce qu'on ne peut savoir ce qui n'est pas ; mais il est clair aussi qu'on peut conjecturer un événement.

Vous voyez une armée nombreuse & disciplinée, conduite par un Chef habile, s'avancer dans un lieu avantageux, contre un Capitaine imprudent suivi de peu de troupes mal armées, mal postées, & dont vous savez que la moitié le trahit, vous prédisez que ce Capitaine sera battu.

Vous avez remarqué qu'un jeune homme & une fille s'aiment éperdument ; vous les avez observez sortants l'un & l'autre de la maison paternelle ; vous annoncez que dans peu cette fille sera enceinte ; vous ne vous trompez guere. Toutes les prédictions se réduisent au calcul des probabilités. Il n'y a donc point de nation chez laquelle on n'ait fait des prédictions qui se sont en effet accomplies. La plus célebre, la plus confirmée est celle que fit ce traître Flavian Joseph à Vespasien & Titus son fils, vainqueurs des Juifs. Il voyait Vespasien & Titus adorés des armées Romaines dans l'Orient, & Néron détesté de tout l'Empire. Il ose, pour gagner les bonnes graces de Vespasien, lui prédire au nom du Dieu des Juifs * que lui & son fils seront Empereurs. Ils le furent en effet ; mais il est évident que Joseph ne risquait rien. Si Vespasien succombe un jour en prétendant à l'Empire, il n'est pas en état de punir Joseph ; s'il est Empereur, il le récompense, & tant qu'il ne regne pas il espere regner. Vespasien fait dire à ce Joseph que s'il est Prophete il devait avoir prédit la prise de Jotapat qu'il avait en vain défendue contre l'armée Romaine. Joseph répond qu'en effet il l'avait prédite, ce qui n'était pas bien surprenant ; quel Commandant en soutenant un siege dans une petite place contre une grande armée ne prédit pas que la place sera prise ?

Il n'était pas bien difficile de sentir qu'on pouvait s'attirer le respect & l'argent de la multitude en faisant le Prophete, & que la crédulité du peuple devait être le revenu de quiconque saurait le tromper. Il y eut partout des devins ; mais ce n'était pas assez de ne prédire qu'en son propre nom ; il fallait parler au nom de la Divinité : & depuis les Prophetes de l'Égypte, qui s'appellaient les voyants, jusqu'à Ulpius, Prophete du Mignon de l'Empereur Adrien, devenu Dieu, il y eut un nombre prodigieux de Charlatans sacrés, qui firent parler les Dieux pour se

---

* Joseph, liv. 3, chap. 28.

mocquer des hommes. On sait assez comment ils pouvaient réussir, tantôt par une réponse ambigue qu'ils expliquaient ensuite comme ils voulaient, tantôt en corrompant des domestiques, en s'informant d'eux secrétement des aventures des dévots qui venaient les consulter. Un idiot était tout étonné qu'un fourbe lui dit de la part de Dieu ce qu'il avait fait de plus caché.

Ces Prophetes passaient pour savoir le passé, le présent & l'avenir ; c'est l'éloge qu'Homere fait de Calchas. Je n'ajouterai rien ici à ce que le savant Vandale, & le judicieux Fontenelle son rédacteur, ont dit des Oracles. Ils ont dévoilé avec sagacité des siecles de fourberie ; & le Jésuite Balthus montra bien peu de sens, ou beaucoup de malignité, quand il soutint contre eux la vérité des Oracles payens, par les principes de la Religion Chrétienne. C'était réellement faire à Dieu une injure, de prétendre que ce Dieu de bonté & de vérité, eût lâché les diables de l'enfer, pour venir faire sur la terre ce qu'il ne fait pas lui-même, pour rendre des oracles.

Ou ces diables disaient vrai, & en ce cas il était impossible de ne les pas croire ; & Dieu lui-même, appuyant toutes les fausses religions par des miracles journaliers, jettait lui-même l'univers entre les bras de ses ennemis : Ou ils disaient faux, & en ce cas, Dieu déchaînoit les diables pour tromper tous les hommes. Il n'y a peut-être jamais eu d'opinion plus absurde.

L'Oracle le plus fameux fut celui de Delphe. On choisi d'abord de jeunes filles innocentes, comme plus propres que les autres à être inspirées, c'est-à-dire, à proférer de bonne foi le galimatias que les Prêtres leur dictaient. La jeune Pythie montait sur un trépied posé dans l'ouverture d'un trou dont il sortait une exhalaison prophétique. L'esprit divin entrait sous la robe de la Pythie par un endroit fort humain; mais depuis qu'une jolie Pythie fut enlevée par un dévot, on prit des vieilles pour faire le métier: & je crois que c'est la raison pour laquelle l'Oracle de Delphe commença à perdre beaucoup de son crédit.

Les divinations, les augures, étaient des espèces d'Oracles, & sont, je crois, d'une plus haute antiquité; car il fallait bien des cérémonies, bien du temps pour achalander un Oracle divin qui ne pouvait se passer de temple & de Prêtres; & rien n'était plus aisé que de dire la bonne aventure dans les carrefours. Cet art se subdivisa en mille façons; On prédit par le vol des oiseaux, par le foie des moutons, par les plis formés dans la paume de la main, par les cercles tracés sur la terre, par l'eau, par le feu, par des petits cailloux, par des baguettes, par tout ce qu'on imagina, & souvent même par un pur enthousiasme qui tenait lieu de toutes les règles. Mais qui fut celui qui inventa cet art? Ce fut le premier frippon qui rencontra un imbécille.

La plupart des prédictions étaient comme

celles de l'Almanach de Liége. *Un Grand mourra, il y aura des naufrages.* Un Juge de Village mourait-il dans l'année ? C'était, pour ce Village le Grand dont la mort était prédite : une barque de pêcheurs était-elle submergée ? Voilà les grands naufrages annoncés. L'Auteur de l'Almanach de Liége est un sorcier, soit que ses prédictions soient accomplies, soit qu'elles ne le soient pas ; car si quelque événement les favorise, sa magie est démontrée : si les événements sont contraires, on applique la prédiction à toute autre chose, & l'allégorie le tire d'affaire.

L'Almanach de Liége, a dit qu'il viendrait un peuple du Nord qui détruirait tout ; ce peuple ne vient point ; mais un vent du Nord fait geler quelques vignes, c'est ce qui a été prédit par Matthieu Lansberg. Quelqu'un ose-t-il douter de son savoir ? Aussitôt les Colporteurs le dénoncent comme un mauvais citoyen, & les Astrologues le traitent même de petit esprit, & de méchant raisonneur.

Les Sunnites Mahométans ont beaucoup employé cette méthode dans l'explication du Koran de Mahomet. L'Étoile Aldebaram avait été en grande vénération chez les Arabes, elle signifie l'œil du taureau, cela voulait dire que l'œil de Mahomet éclairerait les Arabes, & que comme un taureau il frapperait ses ennemis de ses cornes.

L'Arbre Acacia était en vénération dans l'Arabie, on en faisait de grandes haies qui préservaient les moissons de l'ardeur du soleil ; Mahomet est l'Acacia qui doit couvrir la terre de son ombre salutaire. Les Turcs sensés rient de ces bêtises subtiles; les jeunes femmes n'y pensent pas; les vieilles dévotes y croyent; & celui qui dirait publiquement à un Derviche qu'il enseigne des sottises, courrait risque d'être empalé. Il y a eu des Savants qui ont trouvé l'histoire de leur temps dans l'Iliade & dans l'Odyssée; mais ces Savants n'ont pas fait la même fortune que les Commentateurs de l'Alcoran.

La plus brillante fonction des Oracles fut d'assurer la victoire dans la guerre. Chaque armée, chaque nation avait ses Oracles qui lui promettaient des triomphes. L'un des deux partis avait reçu infailliblement un Oracle véritable. Le vaincu qui avait été trompé, attribuait sa défaite à quelque faute commise envers les Dieux après l'oracle rendu; il espérait qu'une autre fois l'oracle s'accomplirait. Ainsi presque toute la terre s'est nourrie d'illusions. Il n'y eut presque point de peuple qui ne conservât dans ses Archives, ou qui n'eut par la tradition orale, quelque prédiction qui l'assurait de la conquête du monde, c'est-à-dire, des nations voisines; point de conquérant qui n'ait été prédit formellement, aussitôt après sa conquête. Les Juifs mêmes, qui, enfermés dans un coin de terre presqu'inconnu entre l'Anti-Liban, l'Arabie déserte & la pétrée, espérèrent comme les autres peuples d'être les maîtres de l'univers, fondés sur mille oracles que nous expliquons dans un sens mystique, & qu'ils entendaient dans le sens littéral.

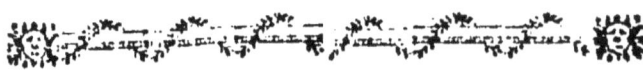

CHAPITRE XXXII.

DES SIBYLLES CHEZ LES GRECS, ET DE LEUR INFLUENCE SUR LES AUTRES NATIONS.

Lorsque presque toute la terre était remplie d'oracles, il y eut de vieilles filles qui, sans être attachées à aucun temple, s'aviserent de prophétiser pour leur compte. On les appella Sibylles, mot grec de la dialecte de Laconie, qui signifie Conseil de Dieu. L'antiquité en compte dix principales en divers pays. On sait assez le conte de la bonne femme qui vint apporter dans Rome à l'ancien Tarquin, les neuf livres de l'ancienne Sibylle de Cumes. Comme Tarquin marchandait trop, la vieille jetta au feu les six premiers livres, & exigea autant d'argent des trois restants, qu'elle en avait demandé des neuf entiers. Tarquin les paya. Ils furent, dit-on, conservés à Rome, jusqu'au temps de Sylla, & furent consumés dans un incendie du Capitole.

Mais comment se passer des prophéties des Sibylles? On envoya trois Sénateurs à Érytre, Ville de Grece où l'on gardait précieusement un millier de mauvais vers grecs, qui passaient pour être de la façon de la Sibylle Érytrée. Chacun en voulait avoir des copies; la Sibylle Érytrée avait tout prédit.

Il en était de ses prophéties comme de celles de Nostradamus parmi nous. On ne manquait pas à chaque événement de forger quelque vers grec qu'on attribuait à la Sibylle.

Auguste, qui craignait avec raison qu'on ne trouvât dans cette rapsodie quelques vers qui autoriseraient des conspirations, défendit sous peine de mort, qu'aucun Romain eût chez lui des vers Sibyllins ; défense digne d'un tyran soupçonneux, qui conservait avec adresse un pouvoir usurpé par le crime.

Les vers Sibyllins furent respectés plus que jamais quand il fut défendu de les lire. Il fallait bien qu'ils continssent la vérité, puisqu'on les cachait aux citoyens.

Virgile, dans son églogue sur la naissance de Pollion, ou de Marcellus, ou de Drusus, ne manqua pas de citer l'autorité de la Sibylle de Cumes, qui avait prédit nettement que cet enfant, qui mourut bientôt après, ramènerait le siecle d'or. La Sibylle Érytrée avait, disait-on alors, prophétisé aussi à Cumes. L'enfant nouveau né, appartenant à Auguste ou à son favori, ne pouvait manquer d'être prédit par la Sibylle. Les prédictions d'ailleurs ne sont jamais que pour les Grands, les petits n'en valent pas la peine.

Ces Oracles des Sibylles étant donc toujours en très-grande réputation, les premiers Chrétiens trop emportés par un faux zele, crurent qu'ils pouvaient forger de pareils oracles, pour battre les Gentils par leurs propres armes. Hermas & St Justin passent pour être les premiers qui eurent le malheur de soutenir cette imposture. St Justin cite des oracles de la Sibylle de Cumes, débités par un Chrétien qui avait pris le nom d'Istape, & prétendait que sa Sibylle avait vécu du temps du déluge. * St Clément d'Alexandrie, dans ses Stromates, assure que l'Apôtre St Paul recommande dans ses Épîtres *la lecture des Sibylles, qui ont manifestement prédit la naissance du fils de Dieu.*

Il faut que cette Épître de St Paul soit perdue; car on ne trouve ces paroles, ni rien d'approchant, dans aucune des Épîtres de St Paul. Il courait dans ce temps-la parmi les Chrétiens, une infinité de livres que nous n'avons plus, comme les prophéties de Jaldabasth, celles de Seth, d'Énoch & de Kam; la pénitence d'Adam, l'histoire de Zacharie pere de St Jean, l'Évangile des Égyptiens, l'Évangile de St Pierre, d'André, de Jacques, l'Évangile d'Ève, l'Apocalipse d'Adam, les Lettres de Jesus-Christ, & cent autres écrits, dont il reste à peine quelques fragments, ensevelis dans des livres qu'on ne lit guere.

L'Église Chrétienne était alors partagée en société Judaïsante, & société non judaïsante. Ces deux étaient divisées en plusieurs autres. Quiconque se sentait un peu de talent, écrivait pour son parti. Il y eut plus

---

* Strom. Liv. 6.

de cinquante Évangiles jusqu'au Concile de Nicée, il ne nous en reste aujourd'hui que ceux de la Vierge ; de l'enfance & de Nicodeme. On forgea sur-tout des vers attribués aux anciennes Sibylles. Tel était le respect du peuple pour ces Oracles Sibyllins, qu'on crut avoir besoin de cet appui étranger pour fortifier le Chriſtianiſme naiſſant. Non-ſeulement on fit des vers grecs Sibyllins, qui annonçaient Jeſus-Chriſt. Mais on les fit en acroſtiches, de maniere que les lettres de ces mots, *Jeſous Chreiſtos ios Soter*, étaient l'une après l'autre le commencement de chaque vers. C'eſt dans ces Poéſies qu'on trouve cette prédiction :

> Avec cinq pains & deux poiſſons,
> Il nourrira cinq mille hommes au déſert,
> Et en ramaſſant les morceaux qui reſteront,
> Il en remplira douze paniers.

On ne s'en tint pas là ; on imagina qu'on pouvait détourner en faveur du Chriſtianiſme le ſens des vers de la quatrieme égloque de Virgile :

> *Ultima Cumæi venit jam carminis ætas :*
> *Jam nova progenies cœlo demittitur alto.*
> Les temps de la Sibylle enfin ſont arrivés,
> Un nouveau rejetton deſcend du haut des cieux.

Cette opinion eut un ſi grand cours dans les premiers ſiecles de l'Égliſe, que l'Empereur Conſtantin la ſoutint hautement. Quand un Empereur parlait, il avait ſûrement raiſon. Virgile paſſa long-temps pour un Prophete. Enfin, on était ſi perſuadé des oracles des Sibylles, que nous avons dans une de nos Hymnes, qui n'est pas fort ancienne, ces deux vers remarquables.

Solvet fæclum in favillâ
Teſte David cum Sibyllâ.
Il mettra l'univers en cendres,
Témoin la Sibylle & David.

Parmi les prédictions attribuées aux Sibylles, on faisoit sur-tout valoir le regne de mille ans, que les Peres de l'Eglise adopterent jusqu'au temps de Théodose second.

Ce regne de Jesus-Christ pendant mille ans sur la terre, était fondé d'abord sur la prophétie de St Luc, (chap. 21) prophétie mal entendue, *que Jesus Christ viendrait dans les nuées, dans une grande puissance & dans une grande majesté, avant que la génération présente fût passée.* La génération avait passé ; mais St Paul avait dit aussi dans sa premiere Épitre aux Thessaloniciens, c. 4.

» Nous vous déclarons, comme l'ayant
» appris du Seigneur, que nous qui vivons,
» & qui sommes réservés pour son avéne-
» ment, nous ne préviendrons point ceux
» qui sont déja dans le sommeil.

» Car aussitôt que le signal aura été don-
» né par la voix de l'Archange, & par le
» son de la trompette de Dieu, le Seigneur
» lui-même descendra du Ciel, & ceux qui
» seront morts en Jesus-Christ ressusciteront
» les premiers.

» Puis nous autres, qui sommes vivants,
» & qui serons demeurés jusqu'alors, nous
» serons emportés avec eux dans les nuées
» pour aller au devant du Seigneur au mi-

» lieu de l'air ; & ainsi nous vivrons pour
» jamais avec le Seigneur.

Il est bien étrange que Paul dise que c'est le Seigneur lui-même qui lui avoit parlé ; car Paul loin d'avoir été un des Disciples du Christ avait été long-temps un de ses persécuteurs. Quoi qu'il en puisse être, l'Apocalipse avait dit aussi (chap. 20) que les *justes regneraient sur la terre pendant mille ans avec Jesus-Christ.*

On s'attendait donc à tout moment que Jesus-Christ descendrait du Ciel pour établir son regne, & rebâtir Jérusalem, dans laquelle les Chrétiens devaient se réjouir avec les Patriarches.

Cette nouvelle Jérusalem était annoncée dans l'Apocalipse. ,, Moi, Jean, je vis la
» nouvelle Jérusalem qui descendait du Ciel
» parée comme une épousée.... Elle avait
» une grande & haute muraille, douze por-
» tes, & un Ange à chaque porte.....
» douze fondements où sont les noms des
» Apôtres de l'Agneau..... Celui qui me
» parlait avait une toise d'or pour mesurer
» la Ville, les portes & la muraille. La
» Ville est bâtie en quarré, elle est de douze
» mille stades ; sa longueur, sa largeur, &
» sa hauteur sont égales..... Il en mesura
» aussi la muraille qui est de cent quarante
» quatre coudées..... Cette muraille était
» de jaspe, & la Ville était d'or, &c.

On pouvait se contenter de cette prédiction, mais on voulut encore avoir pour garant une Sibylle, à qui l'on fait dire à peu près les mêmes choses. Cette persuasion s'imprima si fortement dans les esprits, que St Justin dans son dialogue contre Triphon, dit *qu'il en est convenu, & que Jesus doit venir dans cette Jérusalem boire & manger avec ses Disciples.*

St Irenée se livra si plenement à cette opinion, qu'il attribue à St Jean l'Évangeliste ces paroles : ,, Dans la nouvelle Jérusalem
,, chaque sep de vigne produira dix mille
,, branches, & chaque branche dix mille
,, bourgeons, chaque bourgeon dix mille
,, grappes, chaque grappe dix mille grains,
,, chaque raisin vingt-cinq amphores de vin.
,, Et quand un des saints vendangeurs cueil-
,, lera un raisin, le raisin voisin lui dira,
,, Prends-moi, je suis meilleur que lui. *

Ce n'était pas assez que la Sibylle eut prédit ces merveilles, on avait été témoins de l'accomplissement. On vit, au rapport de Tertullien, la Jérusalem nouvelle descendre du Ciel pendant quarante nuits consécutives.

Tertullien s'exprime ainsi : ** *Nous confessons que le Royaume nous est promis pour mille ans en terre, après la résurrection dans la cité de Jérusalem apportée du Ciel ici-bas.*

C'est ainsi que l'amour du merveilleux & l'envie d'entendre & de dire des choses extraordinaires, a perverti le sens commun dans tous les temps. C'est ainsi qu'on s'est servi de la fraude, quand on n'a pas eu la

---

* Irenée, ch. 35. liv. 5.
** Tert. contre Marcion, liv. 3.

force. La Religion Chrétienne fut d'ailleurs soutenue par des raisons si solides, que tout cet amas d'erreurs ne put l'ébranler. On dégagea l'or pur de tout cet alliage, & l'Église parvint par degrés à l'état où nous la voyons aujourd'hui.

CHAPITRE XXXIII.

DES MIRACLES.

REvenons toujours à la nature de l'homme; il n'aime que l'extraordinaire, & cela est si vrai que sitôt que le beau, le sublime est commun, il ne paraît plus ni beau ni sublime. On veut de l'extraordinaire en tout genre, & on va jusqu'à l'impossible. L'histoire ancienne ressemble à celle de ce chou plus grand qu'une maison, & à ce pot plus grand qu'une Église, fait pour cuire ce chou.

Quelle idée avons-nous attachée au mot *miracle*, qui d'abord signifiait chose admirable? Nous avons dit, c'est que la nature ne peut opérer, c'est ce qui est contraire à toutes ses loix. Ainsi l'Anglais, qui promit au peuple de Londres de se mettre tout entier dans une bouteille de deux pintes, annonçait un miracle. Et autrefois on n'aurait pas manqué de légendaires qui auraient affirmé l'accomplissement de ce prodige, s'il en était revenu quelque chose au Couvent.

Nous croyons sans difficulté aux vrais miracles, opérés dans notre sainte Religion, & chez les Juifs dont la religion prépara la nôtre. Nous ne parlons ici que des autres nations, & nous ne raisonnons que suivant les regles du bon sens, toujours soumises à la révélation.

Quiconque n'est pas illuminé par la foi, ne peut regarder un miracle que comme une contravention aux loix éternelles de la nature. Il ne lui parait pas possible que Dieu dérange son propre ouvrage; il sait que tout est lié dans l'univers par des chaines que rien ne peut rompre. Il sait que Dieu étant immuable, ses loix le sont aussi, & qu'une roue de la grande machine ne peut s'arrêter, sans que la nature entiere soit dérangée.

Si Jupiter en couchant avec Alcmene fait une nuit de vingt-quatre heures, lorsqu'elle devait être de douze, il est nécessaire que la terre s'arrête dans son cours, & reste immobile douze heures entieres. Mais comme les mêmes phénomenes du ciel reparaissent la nuit suivante, il est nécessaire aussi que la lune & toutes les planettes se soient arrêtées. Voilà une grande révolution dans tous les orbes célestes, en faveur d'une femme de Thebes en Béotie.

Un mort ressuscite au bout de quelques jours: il faut que toutes les parties imperceptibles de son corps qui s'étaient exhalées dans l'air, & que les vents avaient emportées au loin, reviennent se remettre chacune à leur place, & que les vers & les oiseaux, ou les autres animaux nourris de la substance de ce cadavre, rendent chacun ce qu'ils lui ont pris. Les vers engraissés des entrailles de cet homme, auront été mangés par des hirondelles, ces hirondelles par des pigrièches, ces pigrièches par des faucons, ces faucons par des vautours. Il faut que chacun restitue précisément ce qui appartenoit au mort : sans quoi ce ne serait plus la même personne. Tout cela n'est rien encore, si l'ame ne revient dans son hôtellerie.

Si l'Être éternel, qui a tout prévu, tout arrangé, qui gouverne tout par des loix immuables, devient contraire à lui-même en renversant toutes ses loix, ce ne peut être que pour l'avantage de la nature entiere. Mais il paraît contradictoire de supposer un cas où le Créateur & le Maître de tout, puisse changer l'ordre du monde pour le bien du monde. Car, où il a prévu le prétendu besoin qu'il en aurait, ou il ne l'a pas prévu. S'il l'a prévu, il y a mis ordre dès le commencement; s'il ne l'a pas prévu, il n'est plus Dieu.

On dit que c'est pour faire plaisir à une nation, à une Ville, à une famille, que l'Être éternel reffuscite Pélops, Hyppolite, Heres & quelques autres fameux personnages; mais il ne paraît pas vraisemblable que le Maître commun de l'univers oublie le soin de cet univers en faveur de cet Hyppolite & de ce Pélops.

Plus les miracles sont incroyables (selon

les faibles lumieres de notre esprit,) plus ils ont été crus. Chaque peuple eut tant de prodiges, qu'ils devinrent des choses très-ordinaires. Aussi ne s'avisait-on pas de nier ceux de ses voisins. Les Grecs disaient aux Égyptiens, aux nations Asiatiques, les Dieux vous ont parlé quelquefois, ils nous parlent tous les jours ; s'ils ont combattu vingt fois pour vous, ils se sont mis quarante fois à la tête de nos armées. Si vous avez des métamorphoses, nous en avons cent fois plus que vous. Si vos animaux parlent, les nôtres ont fait de très-beaux discours. Il n'y a pas même jusqu'aux Romains chez qui les bêtes n'aient pris la parole pour prédire l'avenir. Tite-Live rapporte qu'un bœuf s'écria en plein marché, *Rome, prens garde à toi*. Pline dans son livre 8, dit qu'un chien parla lorsque Tarquin fut chassé du Trône. Une corneille, si l'on en croit Suétone, s'écria dans le Capitole, lorsqu'on allait assassiner Domitien ; *estai penta Kalos* c'est fort bien fait, *tout est bien*. C'est ainsi qu'un des chevaux d'Achille, nommé Xante, prédit à son maître qu'il mourra devant Troye. Avant le cheval d'Achille, le bélier de Phrixus avait parlé, aussi-bien que les vaches du mont Olimpe. Ainsi au lieu de réfuter les fables, on enchérissait sur elles. On faisait comme ce praticien à qui on produisait une fausse obligation ; il ne s'amusa point à plaider, il produisit sur le champ une fausse quittance.

Il est vrai que nous ne voyons guere de morts ressuscités chez les Romains, ils s'en tenaient à des guérisons miraculeuses. Les Grecs plus attachés à la métempsicose, eurent beaucoup de résurrections. Ils tenaient ce secret des Orientaux, de qui toutes les sciences & les superstitions étaient venues.

De toutes les guérisons miraculeuses les plus attestées, les plus autentiques, sont celles de cet aveugle, à qui l'Empereur Vespasien rendit la vue, & de ce paralitique auquel il rendit l'usage de ses membres. C'est dans Alexandrie que ce double miracle s'opere ; c'est devant un peuple innombrable, devant des Romains, des Grecs, des Égyptiens. C'est sur son Tribunal que Vespasien opere ces prodiges. Ce n'est pas lui qui cherche à se faire valoir par des prestiges, dont un Monarque affermi n'a pas besoin. Ce sont ces deux malades, eux-mêmes, qui prosternés à ses pieds le conjurent de les guérir : il rougit de leurs prieres, il s'en mocque, il dit qu'une telle guérison n'est pas au pouvoir d'un mortel. Les deux infortunés insistent : Sérapis leur est apparu ; Sérapis leur a dit qu'ils seraient guéris par Vespasien. Enfin il se laisse fléchir, il les touche sans se flatter du succès. La Divinité favorable à sa modestie & à sa vertu, lui communique son pouvoir ; à l'instant l'aveugle voit & l'estropié marche. Alexandrie, l'Égypte, tout l'Empire applaudissent à Vespasien favori du Ciel. Le miracle est consigné dans les Archives de l'Empire, & dans toutes les histoires contemporaines. Cependant avec le temps ce miracle n'est cru de personne, parce que personne n'a intérêt de le soutenir.

Si l'on en croit je ne sais quel écrivain de nos siecles barbares nommé *Helgaut*, le Roi Robert, fils de Hugues Capet, guérit aussi un aveugle. Ce don des miracles dans Robert fut apparemment la récompense de la charité avec laquelle il avait fait brûler le Confesseur de sa femme & des Chanoines d'Orléans, accusés de ne pas croire l'infaillibilité & la puissance absolue du Pape, & par conséquent d'être Manichéens : ou si ce ne fut pas le prix de cette bonne action, ce fut celui de l'excommunication qu'il souffrit pour avoir couché avec la Reine sa femme.

Les Philosophes ont fait des miracles comme les Empereurs & les Rois. On connaît ceux d'Apollonios de Thiane; c'était un Philosophe Pithagoricien, tempérant, chaste, & juste, à qui l'histoire ne reproche aucune action équivoque, ni aucune de ces faiblesses dont fut accusé Socrate. Il voyagea chez les Mages & chez les Bracmanes ; & fut d'autant plus honoré par-tout, qu'il était modeste, donnant toujours de sages conseils, & disputant rarement. La priere qu'il avait coutume de faire aux Dieux est admirable. *Dieux immortels, accordez-nous ce que vous jugerez convenable, & dont nous ne soyons pas indignes.* Il n'avait nul enthousiasme ; ses Disciples en eurent : ils lui supposerent des miracles qui furent recueillis par Philostrate. Les Thianéens le mirent au rang des demi-Dieux, & les Empereurs Romains approuverent son apothéose. Mais avec le temps, l'apothéose d'Apollonios eut le sort de celui qu'on décernait aux Empereurs Romains, & la chapelle d'Apollonios fut aussi déserte que le Socratéion élevé par les Athéniens à Socrate.

Les Rois d'Angleterre depuis St Édouard, jusqu'au Roi Guillaume III, firent journellement un grand miracle, celui de guérir les écrouelles que les Médecins ne pouvaient guérir. Mais Guillaume III ne voulut point faire de miracles, & ses successeurs s'en sont abstenus comme lui. Si l'Angleterre éprouve jamais quelque grande révolution qui la replonge dans l'ignorance, alors elle aura des miracles tous les jours.

CHAPITRE XXXIV.

DES TEMPLES.

ON n'eut pas un temple sitôt qu'on reconnut un Dieu. Les Arabes, les Caldéens, les Persans qui révéraient les astres, ne pouvaient guere avoir d'abord des édifices consacrés ; ils n'avaient qu'à regarder le Ciel : c'était là leur temple. Celui de Bel à Babilone passe pour le plus ancien de tous ; mais ceux de Brama dans l'Inde, doivent être d'une antiquité plus reculée, au moins les Brames le prétendent.

Il est dit dans les annales de la Chine que

les premiers Empereurs sacrifiaient dans un temple. Celui d'Hercule à Tyr ne paraît pas être des plus anciens. Hercule ne fut jamais chez aucun peuple qu'une divinité secondaire ; cependant le temple de Tyr est très-antérieur à celui de Judée. Hiram en avait un magnifique, lorsque Salomon aidé par Hiram bâtit le sien. Hérodote qui voyagea chez les Tyriens dit que de son temps les Archives de Tyr ne donnaient à ce temple que deux mille trois cents ans d'antiquité. L'Égypte était remplie de temples depuis long-temps. Hérodote dit encore qu'il apprit que le temple de Vulcain à Memphis avait été bâti par Ménès vers le temps qui répond à trois mille ans avant notre Ére ; & il n'est pas à croire que les Égyptiens eussent élevé un temple à Vulcain avant d'en avoir donné un à Isis leur principale Divinité.

Je ne puis concilier avec les mœurs ordinaires de tous les hommes, ce que dit Hérodote au second livre ; il prétend qu'excepté les Égyptiens & les Grecs tous les autres peuples avaient coutume de coucher avec les femmes au milieu de leurs temples. Je soupçonne le texte grec d'avoir été corrompu ; les hommes les plus sauvages s'abstiennent de cette action devant des témoins. On ne s'est jamais avisé de caresser sa femme ou sa maîtresse en présence de gens pour qui on a les moindres égards.

Il n'est guere possible que chez tant de nations qui étaient religieuses jusqu'au plus grand scrupule, tous les temples eussent été des lieux de prostitution. Je crois qu'Hérodote a voulu dire que les Prêtres qui habitaient dans l'enceinte qui entourait le temple, pouvaient coucher avec leurs femmes dans cette enceinte qui avait le nom de temple, comme en usaient les Prêtres Juifs & d'autres : mais que les Prêtres Égyptiens, n'habitant point dans l'enceinte, s'abstenaient de toucher à leurs femmes quand ils étaient de garde dans les porches dont le temple était entouré.

Les petits peuples furent très-long-temps sans avoir de temples. Ils portaient leurs Dieux dans des coffres, dans des tabernacles. Nous avons déja vu que quand les Juifs habitèrent les déserts de l'Orient du lac Asphaltide, ils portaient le tabernacle du Dieu Rempham, du Dieu Moloc, du Dieu Kium, comme le disent Jérémie, Amos & Saint Étienne.

(ainsi qu'en usaient toutes les autres petites nations du désert. Cet usage doit être le plus ancien de tous, par la raison qu'il est bien plus aisé d'avoir un coffre que de bâtir un grand édifice.

C'est probablement de ces Dieux portatifs que vint la coutume des processions qui se firent chez tous les peuples. Car il semble qu'on ne se serait pas avisé d'ôter un Dieu de sa place dans son temple pour le promener dans la Ville ; & cette violence eut pu paraître un sacrilege, si l'ancien usage de porter son Dieu sur un chariot, ou sur un brancard, n'avait pas été dès long-temps établi.

La plupart des temples furent d'abord des citadelles, dans lesquelles on mettait en sûreté les choses sacrées. Ainsi le Palladium était dans la forteresse de Troye, les boucliers descendus du Ciel se gardaient dans le Capitole.

Nous voyons que le temple des Juifs était une maison forte, capable de soutenir un assaut. Il est dit au troisieme livre des Rois que l'édifice avait soixante coudées de long, & vingt de large; c'est environ quatre-vingt-dix pieds de long sur trente de face. Il n'y a guére de plus petit édifice public. Mais cette maison étant de pierres & bâtie sur une montagne, pouvait au moins se défendre d'une surprise: les fenêtres, qui étaient beaucoup plus étroites au dehors qu'en dedans, ressemblaient à des meurtriers.

Il est dit que les Prêtres logeaient dans des appentis de bois, adossés à la muraille.

Il est difficile de comprendre les dimensions de cette Architecture. Le même livre des Rois nous apprend que sur les murailles de ce temple il y avait trois étages de bois: que le premier avait cinq coudées de large, le second six, & le troisieme sept. Ces proportions ne sont pas les nôtres; ces étages de bois auraient surpris Michel Ange & Bradamande. Quoi qu'il en soit il faut considérer que ce temple était bâti sur le penchant de la montagne Moria, & que par conséquent il ne pouvait avoir une grande profondeur. Il fallait monter plusieurs degrés pour arriver à la petite esplanade où fut bâti le Sanctuaire long de vingt coudées. Or un temple dans lequel il faut monter & descendre est un édifice barbare. Il était recommandable par sa sainteté, mais non pas par son architecture. Il n'était pas nécessaire pour les desseins de Dieu que la ville de Jérusalem fût la plus magnifique des Villes, & son peuple le plus puissant des peuples ; il n'était pas nécessaire non plus que son temple surpassât celui des autres nations ; le plus beau des temples est celui où les hommages les plus purs lui sont offerts.

La plupart des commentateurs se sont donné la peine de dessiner cet édifice chacun à sa maniere. Il est à croire qu'aucun de ces dessinateurs n'a jamais bâti de maison. On conçoit pourtant que les murailles qui portaient ces trois étages étant de pierres, on pouvait se défendre un jour ou deux dans cette petite retraite.

Cette espece de forteresse d'un peuple privé des arts, ne tint pas contre Nabuzardam, l'un des Capitaines du Roi de Babilone que nous nommons Nabuchodonosor.

Le second temple bâti par Néhémie fut moins grand & moins somptueux. Le livre d'Esdras nous apprend que les murs de ce nouveau temple n'avaient que trois rangs de pierres brutes, & que le reste était de simple bois. C'était bien plutôt une grange qu'un temple. Mais celui qu'Hérode fit bâtir depuis, fut une vraie forteresse. Il fut obligé, comme nous l'apprend Joseph, de démolir le temple de Néhémie, qu'il appelle le temple d'Aggée. Hérode combla une partie du précipice au bas de la montagne Moria pour faire une platte-forme appuyée d'un très-gros mur, sur lequel le temple fut élevé. Près de cet édifice était la tour Antonia qu'il fortifia encore, de sorte que ce temple était une vraie citadelle.

En effet, les Juifs oserent s'y défendre contre l'armée de Titus, jusqu'à ce qu'un soldat Romain ayant jetté une solive enflammée dans l'intérieur de ce fort, tout prit feu à l'instant. Ce qui prouve que les bâtiments dans l'enceinte du temple n'étaient que de bois du temps d'Hérode, ainsi que sous Néhémie & sous Salomon.

Ces bâtiments de sapin contredisent un peu cette grande magnificence dont parle l'exagérateur Joseph. Il dit que Tite étant entré dans le Sanctuaire l'admira, & avoua que sa richesse passait sa renommée. Il n'y a guere d'apparence qu'un Empereur Romain au milieu du carnage, marchant sur des monceaux de morts, s'amusât à considérer avec admiration un édifice de vingt coudées de long, tel qu'était le Sanctuaire, & qu'un homme qui avait vu le Capitole, fut surpris de la beauté d'un temple Juif. Ce temple était très-saint, sans doute ; mais un Sanctuaire de vingt coudées de long n'avait pas été bâti par un Vitruve. Les beaux temples étaient ceux d'Éphese, d'Alexandrie, d'Athenes, d'Olimpie, de Rome.

Joseph dans sa déclaration contre Appion, dit qu'il ne fallait *qu'un temple aux Juifs*,

L

parce qu'il n'y a qu'un *Dieu*. Ce raisonnement ne paraît pas concluant ; car si les Juifs avaient eu sept ou huit cents milles de pays, comme tant d'autres peuples, il aurait fallu qu'ils passassent leur vie à voyager pour aller sacrifier dans ce temple chaque année. De ce qu'il n'y a qu'un Dieu, il suit que tous les temples du monde ne doivent être élevés qu'à lui ; mais il ne suit pas que la terre ne doive avoir qu'un temple. La superstition a toujours une mauvaise logique.

D'ailleurs, comment Joseph peut-il dire qu'il ne fallait qu'un temple aux Juifs, lorsqu'ils avaient depuis le regne de Ptolomée Philometor, le temple assez connu de *l'Onion* à Bubaste en Égypte ?

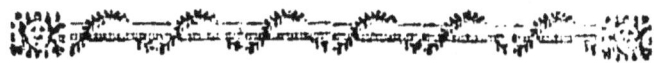

CHAPITRE XXXV.
DE LA MAGIE.

Qu'est-ce que la magie ? Le secret de faire ce que ne peut faire la nature ; c'est la chose impossible ; aussi a-t-on cru à la magie dans tous les temps. Le mot est venu des *Mag*, *Magdim*, ou Mages de Caldée. Ils en savaient plus que les autres ; ils recherchaient la cause de la pluie & du beau temps ; & bientôt ils passèrent pour faire le beau temps & la pluie. Ils étaient Astronomes ; les plus ignorants & les plus hardis furent Astrologues. Un événement arrivait sous la conjonction de deux planettes, donc ces deux planettes avaient causé cet événement; & les Astrologues étaient les maîtres des planettes. Des imaginations frappées avaient vu en songe leurs amis mourants ou morts ; les magiciens faisaient apparaître les morts.

Ayant connu le cours de la lune, il était tout simple qu'ils fissent descendre la lune sur la terre. Ils disposaient même de la vie des hommes, soit en faisant des figures de cire, soit en prononçant le nom de Dieu, ou celui du diable. Clément d'Alexandrie, dans ses stromates, (livre 5) dit que suivant un ancien Auteur, Moyse prononça le nom de Ihaho, ou Jehovah, d'une manière si efficace à l'oreille du Roi d'Égypte Phara Nekefr, que ce Roi en mourut sur le champ.

Enfin, depuis Jannès & Membrès, qui étaient les sorciers à brevet de Pharaon, jusqu'à la Maréchale d'Ancre qui fut brûlée à Paris pour avoir tué un coq blanc dans la pleine lune, il n'y a pas eu un seul temps sans sortilege.

La Pythonisse d'Endor qui évoqua l'ombre de Samuël est assez connue ; il est vrai qu'il est fort étrange que ce mot de Python, qui est Grec, fut connu des Juifs du temps de Saül. Plusieurs Savants en ont conclu que cette histoire ne fut écrite que quand les Juifs furent en commerce avec les Grecs après Alexandre ; mais ce n'est pas ce dont il s'agit ici.

Revenons à la magie. Les Juifs en firent le métier dès qu'ils furent répandus dans le monde. Le sabbath des sorciers en est une preuve parlante ; & le bouc avec lequel les sorcieres étaient supposées s'accoupler, vient de cet ancien commerce que les Juifs eurent avec les boucs dans le désert, ce qui leur est reproché dans le Lévitique. (chap. 17.)

Il n'y a guere eu parmi nous de procès criminels de sorciers, sans qu'on y ait impliqué quelque Juif.

Les Romains, tout éclairés qu'ils étaient du temps d'Auguste, s'infatuaient encore des fortileges tout comme nous. Voyez l'églogue de Virgile intitulée Pharmacentria.

Carmina vel cœlo possunt deducere lunam.
La voix de l'enchanteur fait descendre la lune.
His ego sæpè lupum fieri & se condere sylvis.
Mœrim sæpè animas imis exire sepulcris.
Mœris devenu loup se cachait dans les bois.
Du creux de leur tombeau j'ai vu sortir les ames.

On s'étonne que Virgile passe aujourd'hui à Naples pour un sorcier. Il n'en faut pas chercher la raison ailleurs que dans cette églogue.

Horace reproche à Sagana & à Canidia leurs horribles sortileges. Les premieres têtes de la République furent infectées de ces imaginations funestes. Sextus, le fils du grand Pompée, immola un enfant dans un de ces enchantements

Les philtres pour se faire aimer étaient une magie plus douce : les Juifs étaient en possession de les vendre aux Dames Romaines. Ceux de cette Nation qui ne pouvaient devenir de riches courtiers, faisaient des prophéties ou des philtres.

Toutes ces extravagances, ou ridicules, ou affreuses, se perpétuent chez nous; & il n'y a pas un siecle qu'elles sont décréditées. Des Missionnaires ont été tout étonnés de trouver ces extravagances au bout du monde, ils ont plaint les peuples à qui le démon les inspirait. Eh! mes amis, que ne restiez-vous dans votre patrie? Vous n'y auriez pas trouvé plus de diables, mais vous y auriez trouvé tout autant de sottises.

Vous auriez vu de milliers de misérables assez insensés pour se croire sorciers, & des juges assez imbécilles & assez barbares pour les condamner aux flammes; vous auriez vu une jurisprudence établie en Europe sur la magie, comme on a des loix sur le larcin & sur le meurtre, jurisprudence fondée sur les décisions des Conciles. Ce qu'il y avait de pis, c'est que les peuples voyant que la Magistrature & l'Église croyaient à la magie, n'en étaient que plus invinciblement persuadés de son existence, par conséquent, plus on poursuivait les sorciers, plus il s'en formait. D'où venait une erreur si funeste & si générale? De l'ignorance; & cela prouve que ceux qui détrompent les hommes sont leurs véritables bienfacteurs.

On a dit que le consentement de tous les hommes était une preuve de la vérité. Quelle preuve? Tous les peuples ont cru à la magie, à l'astrologie, aux oracles, aux influences de la lune. Il eut fallut dire au moins

L iij

que le consentement de tous les Sages était, non pas une preuve, mais une espece de probabilité. Et quelle probabilité encore ? Tous les Sages ne croyaient-ils pas avant Copernic que la terre était immobile au centre du monde.

Aucun peuple n'est en droit de se mocquer d'un autre ; si Rabelais appelle *picatrix*, *mon reverend pere en diable*, parce qu'on enseignait la magie à Tolede, à Salamanque & à Séville, les Espagnols peuvent reprocher aux Français le nombre prodigieux de leurs sorciers.

La France est peut-être de tous les pays celui qui a le plus uni la cruauté & le ridicule. Il n'y a point de Tribunal en France qui n'ait fait brûler beaucoup de magiciens. Il y avait dans l'ancienne Rome des fous qui pensaient être sorciers, mais on ne trouva point de barbares qui les brûlassent.

CHAPITRE XXXVI.

DES VICTIMES HUMAINES.

Les hommes auraient été trop heureux s'ils n'avaient été que trompés ; mais le temps qui tantôt corrompt les usages, & tantôt les rectifie, ayant fait couler le sang des animaux sur les Autels, des Prêtres bouchers accoutumés au sang, passerent des animaux aux hommes ; & la superstition, fille dénatuturée de la religion, s'écarta de la pureté de sa mere, au point de forcer les hommes à immoler leurs propres enfants, sous pretexte qu'il fallait donner à Dieu ce qu'on avait de plus cher.

Le premier sacrifice de cette nature, si l'on en croit les fragments de Sanchoniaton, fut celui de Jéhud chez les Phéniciens, qui fut immolé par son pere Hillu environ 2000 ans avant notre Ére. C'était un temps où les grands États étaient déja établis, où la Sirie, la Caldée, l'Égypte étaient très-florissants, & déja, dit Hérodote, on noyait une fille dans le Nil, pour obtenir de ce fleuve un plein débordement, qui ne fut ni trop fort, ni trop faible.

Ces abominables holocaustes s'établirent dans presque toute la terre. Paufanias prétend que Licaon immola le premier des victimes humaines en Grece. Il fallait bien que cet usage fut reçu du temps de la guerre de Troye, puis qu'Homere fait immoler par Achille douze Troyens à l'ombre de Patrocle. Homere eut-il osé dire une chose si horrible? N'aurait-il pas craint de révolter tous ses lecteurs, si de tels holocaustes n'avaient pas été en usage?

Je ne parle pas du sacrifice d'Iphigénie ni de celui d'Idamante fils d'Idomenée : vrais ou faux ils prouvent l'opinion regnante. On ne peut guere révoquer en doute que les Scithes de la Tauride immolassent des étrangers.

Si nous descendons à des temps plus modernes, les Tiriens & les Carthaginois, dans

L iv

les grands dangers, sacrifiaient un homme à Saturne. On en fit autant en Italie; & les Romains eux-mêmes qui condamnerent ces horreurs, immolerent deux Gaulois & deux Grecs pour expier le crime d'une Vestale. C'est Plutarque qui nous l'apprend dans ses questions sur les Romains.

Les Gaulois, les Germains eurent cette horrible coutume. Les Druides brûlaient des victimes humaines dans de grandes figures d'osier: des sorcieres chez les Germains égorgeaient les hommes dévoués à la mort, & jugeaient de l'avenir par le plus ou le moins de rapidité du sang qui coulait de la blessure.

Je crois bien que ces sacrifices étaient rares : s'ils avaient été fréquents, si on en avait fait des fêtes annuelles, si chaque famille avait eu continuellement à craindre que les Prêtres vinssent choisir la plus belle fille, ou le fils ainé de la maison pour lui arracher le cœur saintement sur une pierre consacrée, on aurait bientôt fini par immoler les Prêtres eux-mêmes. Il est très-probable que ces saints parricides ne se commettaient que dans une nécessité pressante, dans les grands dangers où les hommes sont subjugués par la crainte, & où la fausse idée de l'intérêt public forçait l'intérêt particulier à se taire.

Chez les Brames, toutes les veuves ne se brûlaient pas toujours sur les corps de leurs maris. Les plus dévotes & les plus folles firent de temps immémorial, & font encore cet étonnant sacrifice. Les Scithes immolerent quelquefois aux manes de leurs *Kans* les Officiers les plus chéris de ces Princes. Hérodote dit qu'on les empalait autour du cadavre Royal, mais il ne paraît point par l'histoire que cet usage ait duré long-temps.

Si nous lisions l'Histoire des Juifs écrite par un Auteur d'une autre nation, nous aurions peine à croire qu'il y ait eu en effet un peuple fugitif d'Égypte, qui soit venu par ordre exprès de Dieu, immoler sept ou huit petites nations qu'il ne connaissait pas, égorger sans miséricorde toutes les femmes, les vieillards & les enfants à la mammelle, & ne réserver que les petites filles ; que ce peuple saint ait été puni de son Dieu quand il avait été assez criminel pour épargner un seul homme dévoué à l'anathème. Nous ne croirions pas qu'un peuple si abominable eût pu exister sur la terre. Mais comme cette nation elle-même nous rapporte tous ces faits dans ses livres saints, il faut la croire.

Je ne traite point ici la question si ces livres ont été inspirés. Notre sainte Église, qui a les Juifs en horreur, nous apprend que les livres juifs ont été dictés par le Dieu Créateur & pere de tous les hommes ; je ne puis en former aucun doute, ni me permettre même le moindre raisonnement.

Il est vrai que notre faible entendement ne peut concevoir dans Dieu une autre sagesse, une autre justice, une autre bonté que celle dont nous avons l'idée ; mais enfin, il a fait ce qu'il a voulu ; ce n'est pas à nous de le juger ; je m'en tiens toujours au simple historique.

Les Juifs ont une loi par laquelle il leur est expressément ordonné de n'épargner aucune chose, aucun homme dévoué au Seigneur. *On ne pourra le racheter, il faut qu'il meure*, dit la loi du Lévitique au chap. 27. C'est en vertu de cette loi qu'on voit Jephté immoler sa propre fille, le Prêtre Samuel couper en morceaux le Roi Agag. Le Pentateuque nous dit que dans le petit pays de Madian, qui est environ de neuf lieues quarrées, les Israélites ayant trouvé six cents soixante & quinze mille brebis, soixante & douze mille bœufs, soixante & un mille ânes, & trente-deux mille filles pucelles, Moyse commanda qu'on massacrât tous les hommes, toutes les femmes, & tous les enfants, mais qu'on gardât les filles ; dont trente-deux seulement furent immolées. Ce qu'il y a de remarquable dans ce dévouement, c'est que ce même Moyse était gendre du Grand Prêtre des Madianites Jéthro, qui lui avait rendu les plus signalés services, & qui l'avait comblé de bienfaits.

Le même livre nous dit que Josué, fils de Nun, ayant passé avec sa horde la riviere du Jourdain à pied sec, ayant fait tomber au son des trompettes les murs de Jérico, dévoués à l'anathême, il fit périr tous les habitans dans les flammes, qu'il conserva seulement *Rahab la paillarde* & sa famille, qui avait caché les espions du saint peuple : que le même Josué dévoua à la mort douze mille habitants de la ville de Haï, qu'il immola au Seigneur trente-un Rois du pays, tous soumis à l'anathême, & qui furent pendus. Nous n'avons rien de comparable à ces assassinats religieux dans nos derniers temps, si ce n'est peut-être la St Barthelemi & les massacres d'Irlande.

Ce qu'il y a de triste, c'est que plusieurs personnes doutent que les Juifs aient trouvé six cents soixante & quinze mille brebis, & trente-deux mille filles pucelles dans le village d'un désert au milieu des rochers, & que personne ne doute de la St Barthelemi. Mais ne cessons de répéter combien les lumieres de notre raison sont impuissantes pour nous éclairer sur les étranges événements de l'antiquité, & sur les raisons que Dieu, maître de la vie & de la mort, pouvait avoir de choisir le peuple juif pour exterminer le peuple Cananéen.

CHAPITRE XXXVII.

DES MYSTERES DE CERÉS ELEUSINE.

DAns le cahos des superstitions populaires qui auraient fait de presque tout le globe un vaste repaire de bêtes féroces, il y eut une institution salutaire qui empêcha une partie du genre humain de tomber dans un entier abrutissement ; ce fut celui des mysteres & des expiations. Il était impossible qu'il ne se trouvât des esprits doux & sages parmi tant de fous cruels, & qu'il n'y eût des Philosophes qui tâchassent de ramener les hommes à la raison & à la morale.

Ces Sages se servirent de la superstition même pour en corriger les abus énormes, comme on emploie le cœur des viperes pour guérir de leurs morsures; on mêla beaucoup de fables avec des vérités utiles, & les vérités se soutinrent par les fables.

On ne connaît plus les mysteres de Zoroastre. On sait peu de chose de ceux d'Isis; mais nous ne pouvons douter qu'ils n'annonçassent le grand système d'une vie future; car Celse dit à Origene: (livre 8) *Vous vous vantez de croire des peines éternelles, & tous les Ministres des mysteres ne les annoncerent-ils pas aux initiés ?*

L'unité de Dieu était le grand dogme de tous les mysteres. Nous avons encore la priere des Prêtresses d'Isis conservée dans Apulée. *Les Puissances célestes te servent ; les enfers te sont soumis ; l'univers tourne sous ta main ; tes pieds foulent le Tartare ; les Astres répondent à ta voix ; les saisons reviennent à tes ordres ; les élémens t'obéissent.*

Les Cérémonies mystérieuses des Cerès furent une imitation de celles d'Isis. Ceux qui avaient commis des crimes les confessaient & les expiaient : on jeûnait, on se purifiait, on donnait l'aumône. Toutes les cérémonies étaient tenues secretes sous la religion du serment pour les rendre plus vénérables. Les mysteres se célébraient la nuit pour inspirer une sainte horreur. On y représentait des espèces de tragédies, dont le spectacle étalait aux yeux le bonheur des justes & les peines des méchants. Les plus grands hommes de l'antiquité, les Platons, les Cicérons ont fait l'éloge de ces mysteres, qui n'étaient pas encore dégénérés de leur pureté premiere.

De très-savants hommes ont prouvé que le sixieme livre de l'Enéide n'est que la peinture de ce qui se pratiquait dans ces spectacles si secrets & si renommés. Il n'y parle point à la vérité du Démiourgos qui représentait le Créateur; mais il fait voir dans le vestibule, dans l'avant-scene, les enfants que leurs parents avaient laissé périr, & c'était un avertissement aux peres & aux meres. *Continuò auditæ voces, vagitus & ingens, &c.* ensuite paraissait Minos qui jugeait les morts. Les méchants étaient entraînés dans le Tartare, & les justes conduits dans les champs Élisées. Ces jardins étaient tout ce qu'on avait inventé de mieux pour les hommes ordinaires. Il n'y avait que les Héros demi-Dieux à qui on accordait l'honneur de monter au Ciel. Toute religion adopta un jardin pour la demeure des justes; & même quand les Esséniens, chez le peuple Juif, reçurent le dogme d'une autre vie, ils crurent que les bons iraient après la mort dans des jardins au bord de la mer : car pour les Pharisiens, ils adopterent la métempsicose, & non la résurrection. S'il est permis de citer l'Histoire sacrée de Jesus-Christ parmi tant de choses profanes, nous remarquerons qu'il dit au voleur repentant: Tu seras aujourd'hui avec moi dans le jardin. * Il se conformait au langage de tous les hommes.

Les mysteres d'Éleusine devinrent les plus célebres. Une chose très-remarquable, c'est qu'on y lisait le commencement de la Théogonie de Sanchoniaton le Phénicien ; c'est une preuve que Sanchoniaton avait annoncé un Dieu suprême, Créateur & gouverneur du monde. C'était donc cette doctrine qu'on dévoilait aux initiés imbus de la créance du politeïsme. Figurons-nous parmi nous un peuple superstitieux qui serait accoutumé dès sa tendre enfance à rendre à la Vierge, à St Joseph, aux autres Saints le même culte qu'à Dieu le pere. Il serait peut-être dangereux de vouloir les détromper tout d'un coup ; il serait sage de révéler d'abord aux plus modérés, aux plus raisonnables, la distance infinie qui est entre Dieu & les créatures. C'est précisément ce que firent les Mistagogues. Les participants aux mysteres s'assemblaient dans le temple de Cerès, & l'Hiérophante leur apprenait qu'au lieu d'adorer Cerès, conduisant Triptoleme sur un char traîné par des dragons, il fallait adorer le Dieu qui nourrit les hommes, & qui permit que Cerès & Triptoleme missent l'agriculture en honneur.

Cela est si vrai que l'Hiérophante commençait par réciter les vers de l'ancien Or-

---

* Luc, chap. 23.

phée. *Marchez dans la voie de la justice ; adorez le seul maître de l'univers ; il est un ; il est seul par lui-même ; tous les êtres lui doivent leur existence ; il agit dans eux & par eux ; il voit tout ; & jamais il n'a été vu des yeux mortels.*

J'avoue que je ne conçois pas comment Pausanias peut dire que ces vers ne valent pas ceux d'Homere ; il faut convenir que du moins pour le sens ils valent beaucoup mieux que l'Iliade & l'Odissée entiere.

Le savant Évêque Warburton, quoique très-injuste dans plusieurs de ses décisions audacieuses, donne beaucoup de force à tout ce que je viens de dire de la nécessité de cacher le dogme de l'unité de Dieu à un peuple entêté du politéïsme. Il remarque d'après Plutarque, que le jeune Alcibiade ayant assisté à ces mysteres, ne fit aucune difficulté d'insulter aux statues de Mercure dans une partie de débauche avec plusieurs de ses amis, & que le peuple en fureur demanda la condamnation d'Alcibiade.

Il fallait donc alors la plus grande discrétion pour ne pas choquer les préjugés de la multitude. Alexandre lui-même ayant obtenu en Égypte de l'Hiérophante des mysteres, la permission de mander à sa mere le secret des initiés, la conjura en même-temps de brûler sa lettre après l'avoir lue, pour ne pas irriter les Grecs.

Ceux, qui, trompés par un faux zele, ont prétendu depuis que ces mysteres n'étaient que des débauches infames, devaient être détrompés par le mot même qui répond à *initiés* ; il veut dire, qu'on commençait une nouvelle vie.

Une preuve encore sans replique que ces mysteres n'étaient célébrés que pour inspirer la vertu aux hommes, c'est la formule par laquelle on congédiait l'assemblée. On prononçait chez les Grecs les deux anciens mots phéniciens, *Koff omphet*, *Veillez & soyez purs*. Enfin, pour derniere preuve, c'est que l'Empereur Néron, coupable de la mort de sa mere, ne put être reçu à ces mysteres quand il voyagea dans la Grece ; le crime était trop énorme : & tout Empereur qu'il était, les initiés n'auroient pas voulu l'admettre. Zozime dit aussi que Constantin ne put trouver des Prêtres payens qui voulussent le purifier & l'absoudre de ses parricides.

Il y avait donc en effet chez les peuples qu'on nomme payens, gentils, idolâtres, une Religion très-pure, tandis que les peuples & les Prêtres avaient des usages honteux, des cérémonies puériles, des doctrines ridicules, & que même ils versaient quelquefois le sang humain à l'honneur de quelques Dieux imaginaires, méprisés & détestés par les Sages.

Cette Religion pure consistait dans l'aveu de l'existence d'un Dieu suprême, de sa providence & de sa justice. Ce qui défigurait ces mysteres, c'était, si l'on en croit Tertullien, la cérémonie de la régénération. Il fallait que l'initié parût ressusciter ; c'était

le

le simbole du nouveau genre de vie qu'il devait embrasser. On lui présentait une couronne, il la foulait aux pieds ; l'Hiérophante levait sur lui le couteau sacré : l'initié qu'on feignait de frapper, feignait aussi de tomber mort ; après quoi, il paroissait ressusciter. Il y a encore chez les Francs-maçons un reste de cette ancienne cérémonie.

Pausanias dans ses Arcadiques nous apprend que dans plusieurs temples d'Éleusine on flagellait les pénitents, les initiés ; coutume odieuse, introduite long-temps après dans plusieurs Églises Chrétiennes. Je ne doute pas que dans tous ces mysteres dont le fonds était si sage & si utile, il n'entrât beaucoup de superstitions condamnables. Les superstitions conduisirent à la débauche, qui amena le mépris. Il ne resta enfin de tous ces anciens mysteres que des troupes de gueux que nous avons vus sous le nom d'Égyptiens & de Bohémiens courir l'Europe avec des castagnettes, danser la danse des Prêtres d'Isis, vendre du baume, guérir la galle, & en être couverts, dire la bonne aventure, & voler des poules. Telle a été la fin de ce qu'on eut de plus sacré dans la moitié de la terre connue.

CHAPITRE XXXVIII.

DES JUIFS, AU TEMPS OU ILS COMMENCERENT A ÊTRE CONNUS.

NOus toucherons le moins que nous pourrons à ce qui est divin dans l'histoire des Juifs; ou si nous sommes forcés d'en parler, ce n'est qu'autant que leurs miracles ont un rapport essentiel à la suite des événements. Nous avons pour les prodiges continuels qui signalerent tous les pas de cette nation, le respect qu'on leur doit. Nous les croyons avec la foi raisonnable qu'exige l'Église substituée à la Sinagogue; nous ne les examinons pas, nous nous en tenons toujours à l'historique. Nous parlerons des Juifs comme si nous parlerions des Scithes & des Grecs, en pesant les probabilités & en discutant les faits. Personne au monde n'ayant écrit leur histoire qu'eux-mêmes avant que les Romains détruisissent leur État, il faut ne consulter que leurs annales.

Cette nation est des plus modernes, à ne la regarder comme les autres peuples que depuis le temps où elle forme un établissement, & où elle possède une Capitale. Les Juifs ne paraissent considérés de leurs voisins que du temps de Salomon, qui était à peu près celui d'Hésiode & d'Homere, & des premiers Archontes d'Athenes.

Le nom de Salomoh ou Soleiman, est fort connu des Orientaux, mais celui de David ne l'est point, Saül encore moins. Les Juifs avant Saül ne paraissent qu'une horde d'Arabes du désert, si peu puissants que les Phéniciens les traitaient à peu près comme les Lacédémoniens traitaient les Ilotes. C'étaient des esclaves auxquels il n'était pas permis d'avoir des armes. Ils n'avoient pas le droit de forger le fer, pas même celui d'aiguiser chez eux les socs de leurs charrues & le tranchant de leurs coignées. Il fallait qu'ils allassent à leurs maîtres pour les moindres ouvrages de cette espece; les Juifs le déclarent dans le livre de Samuël, & ils ajoutent qu'ils n'avaient ni épée, ni javelot, dans la bataille que Saül & Jonathas donnerent à Béthaven contre les Phéniciens, ou Philistins; journée où il est rapporté que Saül fit serment d'immoler au Seigneur celui qui aurait mangé pendant le combat.

Il est vrai qu'avant cette bataille gagnée sans armes, il est dit au Chapitre précédent, * que Saül avec une armée de trois cents trente mille hommes, défit entiérement les Ammonites; ce qui semble ne se pas accorder avec l'aveu qu'ils n'avoient ni javelots, ni épées, ni aucune armes. D'ailleurs, les plus grands Rois ont eu rarement à la fois trois cents trente mille combattants effectifs. Comment les Juifs qui semblent errans & opprimés dans ce petit pays, qui n'ont pas une

* Rois, Chap. II.

Ville fortifiée, pas une arme, pas une épée, ont-ils mis en campagne trois cents trente mille soldats ? Il y avait là de quoi conquérir l'Asie & l'Europe. Laissons à des Auteurs savants & respectables le soin de concilier ces contradictions apparentes, que des lumieres supérieures font disparaître ; respectons ce que nous sommes tenus de respecter; & remontons à l'Histoire des Juifs par leurs propres écrits.

CHAPITRE XXXIX.

DES JUIFS EN ÉGYPTE.

Les annales des Juifs disent que cette nation habitait sur les confins de l'Égypte dans les temps ignorés, que son séjour était dans le petit pays de Gossen ou Gessen, vers le mont Casius & le lac Sirbon. C'est là que sont encore des Arabes qui viennent en hiver paître leurs troupeaux dans la basse Égypte. Cette nation n'était composée que d'une seule famille, qui en deux cents cinq années produisit un peuple de deux millions de personnes ; car pour fournir six cents mille combattants que la Genese compte au sortir de l'Égypte, il faut au moins deux millions de têtes. Cette multiplication contre l'ordre de la nature, est un des miracles que Dieu daigna faire en faveur des Juifs.

C'est en vain qu'une foule de savants hommes s'étonne que le Roi d'Égypte ait ordonné à deux sages-femmes de faire périr tous les enfants mâles des Hébreux; que la fille du Roi, qui demeurait à Memphis, soit venue se baigner loin de Memphis dans un bras du Nil, où jamais personne ne se baigne à cause des crocodiles. C'est en vain qu'ils font des objections sur l'âge de quatre-vingt ans, auquel Moyse était déja parvenu avant d'entreprendre de conduire un peuple entier hors d'esclavage.

Ils disputent sur les dix plaies d'Égypte ; ils disent que les magiciens du Royaume ne pouvaient faire les mêmes miracles que l'envoyé de Dieu; & que si Dieu leur donnait ce pouvoir, il semblait agir contre lui-même. Ils prétendent que Moyse, ayant changé toutes les eaux en sang, il ne restait plus d'eau pour que les magiciens pussent faire la même métamorphose.

Ils demandent comment Pharaon put poursuivre les Juifs avec une Cavalerie nombreuse, après que tous les chevaux étaient morts dans la cinquieme & sixieme plaie. Ils demandent pourquoi six cents mille combattants s'enfuient ayant Dieu à leur tête, & pouvant combattre avec avantage des Égyptiens, dont tous les premiers nés avaient été frappés de mort? Ils demandent encore pourquoi Dieu ne donna pas la fertile Égypte à son peuple chéri, au lieu de le faire errer quarante ans dans d'affreux déserts?

On n'a qu'une seule réponse à toutes ces objections sans nombre; & cette réponse est,

Dieu l'a voulu ; l'Église le croit, & nous devons le croire. C'est en quoi cette Histoire diffère des autres. Chaque peuple a ses prodiges ; mais tout est prodige chez le peuple Juif ; & cela devait être ainsi, puisqu'il était conduit par Dieu même. Il est clair que l'Histoire de Dieu ne doit point ressembler à celle des hommes. C'est pourquoi nous ne rapporterons aucun de ces faits surnaturels dont il n'appartient qu'à l'Esprit Saint de parler. Encore moins oserons-nous tenter de les expliquer. Examinons seulement le peu d'événement qui peuvent être soumis à la critique.

CHAPITRE XL.

DE MOYSE, CONSIDÉRÉ SIMPLEMENT COMME CHEF D'UNE NATION.

LE Maître de la nature donne seul la force au bras qu'il daigne choisir. Tout est surnaturel dans Moyse. Plus d'un Savant l'a regardé comme un politique très-habile. D'autres ne voyent en lui qu'un roseau faible, dont la main divine daigne se servir pour faire le destin des Empires. Qu'est-ce en effet qu'un vieillard de quatre-vingt ans, pour entreprendre de conduire par lui-même tout un peuple, sur lequel il n'a aucun droit. Son bras ne peut combattre, & sa langue ne peut articuler. Il est peint décrépit & bègue

Il ne conduit ses suivants que dans des solitudes affreuses pendant quarante années. Il veut leur donner un établissement, & il ne leur en donne aucun. A suivre sa marche dans les déserts de Sur, de Sin, d'Oreb, de Sinaï, de Pharan, de Cadésbarné, & à le voir rétrograder jusques vers l'endroit dont il était parti, il serait difficile de le regarder comme un grand Capitaine. Il est à la tête de six cents mille combattants, & il ne pourvoit ni au vêtement, ni à la subsistance de ses troupes. Dieu fait tout, Dieu remédie à tout, il nourrit, il vêtit le peuple par des miracles. Moyse n'est donc rien par lui-même, & son impuissance montre qu'il ne peut être guidé que par le bras du Tout-Puissant; aussi nous ne considérons en lui que l'homme & non le Ministre de Dieu. Sa personne en cette qualité est l'objet d'une recherche plus sublime.

Il veut aller au pays des Cananéens à l'Occident du Jourdain, dans la Contrée de Jérico, qui est en effet le seul bon terroir de cette Province; & au lieu de prendre cette route, il tourne à l'Orient entre Ésiongaber & la mer morte, pays sauvage, stérile, hérissé de montagnes, sur lesquelles il ne croît pas un arbuste, sans aucun ruisseau, sans sources, excepté quelques petits puits d'eau salée. Les Cananéens ou Phéniciens, sur le bruit de cette irruption d'un peuple étranger, viennent le battre dans ces déserts vers Cadésbarné. Comment se laisse-t-il battre à la tête de six cents mille soldats, dans un pays qui ne contient pas aujourd'hui trois mille habitants ? Au bout de trente-neuf ans il remporte deux victoires; mais il ne remplit aucun objet de sa législation : lui & son peuple meurent avant d'avoir mis le pied dans le pays qu'il voulait subjuguer.

Un Législateur, selon nos notions communes, doit se faire aimer & craindre ; mais il ne doit pas pousser la sévérité jusqu'à la barbarie; il ne doit pas, au lieu d'infliger par les Ministres de la loi quelques supplices aux coupables, faire égorger au hasard une grande partie de sa nation par l'autre.

Se pourrait-il qu'à l'âge de près de six vingt ans, Moyse n'étant conduit que par lui-même, eut été si inhumain, si endurci au carnage, qu'il eut commandé aux Lévites de massacrer, sans distinction, leurs freres jusqu'au nombre de vingt-trois mille, pour la prévarication de son propre frere, qui devait plutôt mourir que de faire un veau pour être adoré ? Quoi ! après cette indigne action, son frere est Grand Pontife, & vingt-trois mille hommes sont massacrés.

Moyse avait épousé une Madianite, fille de Jétro, Grand Prêtre de Madian, dans l'Arabie pétrée ; Jétro l'avait comblé de bienfaits : il lui avait donné son fils pour lui servir de guide dans les déserts; par quelle cruauté opposée à la politique (à ne juger que par nos faibles notions) Moyse aurait-il pu immoler vingt-quatre mille hommes de sa nation, sous prétexte qu'on a trouvé un Juif couché avec une Madianite ? Et comment peut-on dire, après ces étonnantes boucheries, que Moyſe *était le plus doux de tous les hommes?* Avouons, qu'humainement parlant, ces horreurs révoltent la raiſon & la nature. Mais ſi nous conſidérons dans Moyſe le Miniſtre des deſſeins & des vengeances de Dieu, tout change alors à nos yeux ; ce n'eſt point un homme qui agit en homme, c'eſt l'inſtrument de la Divinité, à laquelle nous ne devons pas demander compte. Nous ne devons qu'adorer & nous taire.

Si Moyſe avait inſtitué ſa Religion de lui-même, comme Zoroaſtre, Thauth, les premiers Brames, Numa, Mahomet, & tant d'autres, nous pourrions lui demander pourquoi il ne s'eſt pas ſervi dans ſa religion du moyen le plus efficace & le plus utile pour mettre un frein à la cupidité & au crime ? Pourquoi il n'a pas annoncé expreſſément l'immortalité de l'ame, les peines & les récompenſes après la mort, dogmes reçus dès long-temps en Égypte, en Phénicie, en Méſopotamie, en Perſe, & dans l'Inde? ,, Vous
,, avez été inſtruits, lui dirions-nous, dans
,, la ſageſſe des Égyptiens, vous êtes Lé-
,, giſlateur, & vous négligez abſolument
,, le dogme principal des Égyptiens, le
,, dogme le plus néceſſaire aux hommes,
,, croyance ſi ſalutaire & ſi ſainte, que vos
,, propres Juifs tout groſſiers qu'ils étaient,
,, l'ont embraſſée long-temps après vous; du
,, moins elle fut adoptée en partie par les
,, Eſſéniens & les Phariſiens au bout de mil-
,, le années.

Cette objection accablante contre un Légiflateur ordinaire, tombe & perd, comme on voit, toute fa force quand il s'agit d'une loi donnée par Dieu même, qui ayant daigné être le Roi du peuple Juif, le puniffait & le récompenfait temporellement, & qui ne voulait lui révéler la connoiffance de l'immortalité de l'ame, & les fupplices éternels de l'enfer, que dans les temps marqués par fes décrets. Prefque tout événement purement humain chez le peuple Juif, eft le comble de l'horreur. Tout ce qui eft divin eft au-deffus de nos faibles idées. L'un & l'autre nous réduifent toujours au filence.

Il s'eft trouvé des hommes d'une fcience profonde qui ont pouffé le pirronifme de l'Hiftoire jufqu'à douter qu'il y ait eu un Moyfe; fa vie qui eft toute prodigieufe depuis fon berceau jufqu'à fon fépulchre, leur a paru une imitation des anciennes fables Arabes, & particuliérement de celle de l'ancien Bacchus. * Ils ne favent en quel temps placer Moyfe; le nom même du Pharaon ou Roi d'Égypte, fous lequel on le fait vivre, eft inconnu. Nul monument, nulle trace ne nous refte du pays dans lequel on le fait voyager. Il leur paraît impoffible que Moyfe ait gouverné deux ou trois millions d'hommes pendant quarante ans dans des déferts inhabitables, où l'on trouve à peine aujourd'hui deux ou trois hordes vagabondes qui ne compofent pas trois à quatre mille

---

* Voyez l'article *Bacchus*.

hommes. Nous sommes bien loin d'adopter ce sentiment téméraire qui sapperait tous les fondements de l'Histoire ancienne du peuple Juif.

Nous n'adhérons pas non plus à l'opinion d'Aben Esra, de Maimonide, de Nugnès, de l'Auteur des cérémonies judaïques ; quoique le docte le Clerc, Midleton, les Savants connus sous le titre de Théologiens de Hollande, & même le grand Newton, aient fortifié ce sentiment. Ces illustres Savants prétendent que ni Moyse, ni Josué ne purent écrire les livres qui leur sont attribués : ils disent que leurs Histoires & leurs loix auraient été gravées sur la pierre, si en effet elles avaient existées, que cet Art exige des soins prodigieux, & qu'il n'était pas possible de cultiver cet art dans des déserts. Ils se fondent, comme on peut le voir ailleurs, sur des anticipations, sur des contradictions apparentes. Nous embrassons contre ces grands hommes, l'opinion commune, qui est celle de la Sinagogue, & de l'Église dont nous reconnoissons l'infaillibilité.

Ce n'est pas que nous osions accuser les le Clerc, les Midleton, les Newton d'impiété, à Dieu ne plaise ! nous sommes convaincus que si les livres de Moyse & de Josué & le reste du Pentateuque ne leur paraissaient pas être de la main de ces Héros Israélites, ils n'en ont pas été moins persuadés que ces livres sont inspirés. Ils reconnaissent le doigt de Dieu à chaque ligne dans la Genèse, dans Josué, dans Samson, dans Ruth. L'écrivain Juif n'a été, pour ainsi dire, que le Secrétaire de Dieu ; c'est Dieu qui a tout dicté. Newton sans doute n'a pu penser autrement ; on le sent assez. Dieu nous préserve de ressembler à ces hypocrites pervers qui saisissent tous les prétextes d'accuser tous les grands hommes d'irreligion, comme on les accusait autrefois de magie ! Nous croirions non-seulement agir contre la probité, mais insulter cruellement la Religion Chrétienne, si nous étions assez abandonnés pour vouloir persuader au public que les plus savants hommes & les plus grands génies de la terre ne sont pas de vrais Chrétiens. Plus nous respectons l'Église à laquelle nous sommes soumis, plus nous pensons que cette Église tolere les opinions de ces Savants vertueux avec la charité qui fait son caractere.

CHAPITRE XLI.

DES JUIFS APRÈS MOYSE JUSQU'A SAUL.

JE ne cherche point pourquoi Josuah ou Josué, Capitaine des Juifs faisant passer sa horde de l'Orient du Jourdain à l'Occident vers Jérico, a besoin que Dieu suspende le cours de ce fleuve qui n'a pas en cet endroit quarante pieds de largeur, sur lequel il était si aisé de jetter un pont de planches, & qu'il était plus aisé encore de passer à gué. Il y avait plusieurs gués à cette riviere, temoin celui auquel les Israélites égorgerent les quarante-deux mille Israélites qui ne pouvaient prononcer Schiboleth.

Je ne demande point pourquoi Jérico tombe au son des trompettes ; ce sont de nouveaux prodiges que Dieu daigne faire en faveur du peuple dont il s'est déclaré le Roi ; cela n'est pas du ressort de l'histoire. Je n'examine point de quel droit Josué venait détruire des villages qui n'avoient jamais entendu parler de lui. Les Juifs disoient : Nous descendons d'Abraham ; Abraham voyagea chez vous il y a quatre cents quarante années, donc votre pays nous appartient ; & nous devons égorger vos meres, vos femmes & vos enfants.

Fabricius & Holstenius se sont fait l'objection suivante. Que dirait-on si un Norvégien venait en Allemagne avec quelques centaines de ses compatriotes, & disait aux Allemands. Il y a quatre cents ans qu'un homme de notre pays fils d'un potier, voyagea près de Vienne, ainsi l'Autriche nous appartient, & nous venons tout massacrer au nom du Seigneur ? Les mêmes Auteurs considerent que le temps de Josué n'est pas le nôtre, que ce n'est pas à nous à porter un œil profane dans les choses divines ; & sur-tout que Dieu avait le droit de punir les péchés des Cananéens par les mains des Juifs.

Il est dit qu'à peine Jérico est sans défense, que les Juifs immolent à leur Dieu tous les habitants, vieillards, femmes, filles, enfants à la mammelle, & tous les animaux, excepté une femme proſtituée, qui avait gardé chez elle les eſpions Juifs; eſpions d'ailleurs inutiles, puiſque les murs devaient tomber au ſon des trompettes. Pourquoi tuer auſſi tous les animaux qui pouvaient ſervir?

A l'égard de cette femme que la vulgate appelle *meretrix*, apparemment elle mena depuis une vie plus honnête, puiſqu'elle fut une ayeule de David, & même du Sauveur du monde. Tous ces événements ſont des figures, des prophéties qui annoncent de loin la loi de grace. Ce ſont encore une fois des myſteres auxquels nous ne touchons pas.

Le livre de Joſué rapporte que ce Chef s'étant rendu maître d'une partie du pays de Canaan, fit pendre ſes Rois au nombre de trente & un, c'eſt-à-dire, trente & un Chefs de bourgades, qui avaient oſé défendre leurs foiers, leurs femmes & leurs enfants. Il faut ſe proſterner ici devant la Providence, qui châtiait les péchés de ces Rois par le glaive de Joſué.

Il n'eſt pas bien étonnant que les peuples voiſins ſe réuniſſent contre les Juifs, qui ne pouvaient paſſer que pour des brigands exécrables dans l'eſprit des peuples aveuglés, & non pour les inſtruments ſacrés de la vengeance divine & du futur ſalut du genre humain. Ils furent réduits en eſclavage par Cuſan, Roi de Méſopotamie. Il y a loin, il eſt vrai, de la Méſopotamie à Jérico; il fallait donc que Cuſan eut conquis la Sirie & une partie de la Paleſtine. Quoi qu'il en ſoit, ils font esclaves huit années, & restent ensuite soixante & deux ans sans remuer. Ces soxante & deux ans sont une espece d'asservissement, puisqu'il leur était ordonné par la loi de prendre tout le pays depuis la Méditerranée jusqu'à l'Euphrate, que tout ce vaste pays * leur était promis, & qu'assurément ils auraient été tentés de s'en emparer, s'ils avaient été libres. Ils font esclaves dix-huit années sous Églon, Roi des Moabites, assassiné par Aod; ils font ensuite pendant vingt années esclaves d'un peuple Cananéen qu'ils ne nomment pas, jusqu'au temps où la Prophétesse guerriere Débora les délivre. Ils font esclaves pendant sept ans jusqu'à Gédéon.

Ils font esclaves dix-huit ans des Phéniciens, qu'ils appellent Philistins, jusqu'à Jephté. Ils font encore esclaves des Phéniciens quarante années jusqu'à Saul. Ce qui peut confondre notre jugement, c'est qu'ils étaient esclaves du temps même de Samson, pendant qu'il suffisait à Samson d'une simple machoire d'âne pour tuer mille Philistins, & que Dieu opérait par les mains de Samson les plus étonnants prodiges.

Arrêtons-nous ici un moment pour observer combien de Juifs furent exterminés par leurs propres freres, ou par l'ordre de Dieu même depuis qu'ils errent dans les déserts jusqu'au temps où ils eurent un Roi élu par le sort.

---

* Genese, chap. 15, v. 18. Deuter. chap. 1, v. 7.

Les Lévites après l'adoration du veau d'or, jetté en fonte par le frere de Moyse, égorgent - - - - - - - 23000 *Juifs.*

Consumés par le feu pour la révolte de Coré - - - 250

Égorgés pour la même révolte - - - - - - 14700

Égorgés pour avoir commerce avec des filles Madianites - - - - - - 24000

Égorgés au gué du Jourdain pour n'avoir pas pu prononcer Schiboleth - - - 42000

Tués par les Benjamites qu'on attaquait - - - 40000

Benjamites tués par les autres Tributs - - - - 45000

Lorsque l'Arche fut prise par les Philistins, & que Dieu pour les punir les ayant affligés d'Hémorroïdes, ils ramenerent l'Arche à Bethsamés, & qu'ils offrirent au Seigneur cinq anus d'or & cinq rats d'or, les Bethsamites frappés de mort pour avoir regardé l'Arche, au nombre de - - - 50070

Somme totale 239020

Voilà deux cents trente-neuf mille vingt Juifs exterminés par l'ordre de Dieu même, ou par leurs guerres civiles, sans compter ceux qui périrent dans le défert, & ceux qui

qui moururent dans les batailles contre les Cananéens, &c.

Si on jugeait des Juifs comme des autres nations, on ne pourrait concevoir comment les enfants de Jacob auraient pu produire une race assez nombreuse pour supporter une telle perte. Mais Dieu qui les conduisait, Dieu qui les éprouvait & les punissait, rendit cette nation si différente en tout des autres hommes, qu'il faut la regarder avec d'autres yeux que ceux dont on examine le reste de la terre, & ne point juger de ces événements comme on juge des événements ordinaires.

CHAPITRE XLII.

DES JUIFS DEPUIS SAUL.

Les Juifs ne paraissent pas jouir d'un sort plus heureux sous leurs Rois que sous leurs Juges.

Leur premier Roi Saül est obligé de se donner la mort. Isboseth & Miphiboseth ses fils sont assassinés.

David livre aux Gabaonites sept petits-fils de Saül pour être mis en croix. Il ordonne à Salomon son fils de faire mourir Adonias son autre fils, & son Général Joab. Le Roi Asa fait tuer une partie du peuple dans Jérusalem. Baasa assassine Nadab, fils de Jéroboam & tous ses parents. Jéhu assassine Joram & Okosias, soixante & dix fils d'Achab, quarante-deux freres d'Okosias, & tous leurs amis. Athalie assassine tous ses petits-fils, excepté Joas; elle est assassinée par le Grand Prêtre Joiadad. Joas est assassiné par ses domestiques; Amasias est tué; Zacharias est assassiné par Sellum, qui est assassiné par Manchem, lequel Manchem fait fendre le ventre à toutes les femmes grosses dans Tapsa. Phaceïa, fils de Manchem, est assassiné par Phacée, fils de Roméli, qui est assassiné par Osée, fils d'Éla. Manassé fait tuer un grand nombre de Juifs, & les Juifs assassinent Ammon, fils de Manassé, &c.

Au milieu de ces massacres, dix Tribus enlevées par Salmanasar, Roi des Babiloniens, sont esclaves & dispersés pour jamais, excepté quelques manœuvres qu'on garde pour cultiver la terre.

Il reste encore deux Tribus, qui bientôt sont esclaves à leur tour pendant soixante & dix ans; au bout de ces soixante & dix ans, les deux Tribus obtiennent de leurs vainqueurs & de leurs maitres, la permission de retourner à Jérusalem. Ces deux Tribus, ainsi que le peu de Juifs qui peuvent être restés à Samarie avec les nouveaux habitants étrangers, sont toujours sujettes des Rois de Perse.

Quand Alexandre s'empare de la Perse, la Judée est comprise dans ses conquêtes. Après Alexandre, les Juifs demeurerent soumis tantôt aux Séleucides, ses successeurs en Sirie, tantôt aux Ptolomées, ses successeurs en Égypte ; toujours affujettis, & ne fe foutenant que par le métier de courtiers qu'ils faifaient dans l'Afie. Ils obtinrent quelques faveurs du Roi d'Égypte, Ptolomée Epiphane. Un Juif, nommé Jofeph, devint Fermier Général des Impôts fur la baffe Sirie & la Judée qui appartenaient à ce Ptolomée. C'eft là l'état le plus heureux des Juifs ; car c'eft alors qu'ils bâtirent la troifieme partie de leur Ville, appellée depuis l'enceinte des Maccabées, parce que les Maccabées l'acheverent.

Du joug du Roi Ptolomée ils repaffent à celui du Roi de Sirie, Antiochus le Dieu. Comme ils s'étaient enrichis dans les Fermes, ils devinrent audacieux, & fe révolterent contre leur maitre Antiochus. C'eft le temps des Maccabées, dont les Juifs d'Alexandrie ont célébré le courage & les grandes actions ; mais les Maccabées ne purent empêcher que le Général d'Antiochus Eupator, fils d'Antiochus Épiphane, ne fit rafer les murailles du temple, en laiffant fubfifter feulement le Sanctuaire, & qu'on ne fit trancher la tête au Grand Prêtre Onias, regardé comme l'auteur de la révolte.

Jamais les Juifs ne furent plus inviolablement attachés à leur loix que fous les Rois de Sirie ; ils n'adorerent plus de Divinités étrangeres ; ce fut alors que leur religion fut irrévocablement fixée ; & cependant ils furent plus malheureux que jamais, comptant toujours fur leur délivrance, fur les promeffes de leurs Prophetes, fur le fecours de leurs

Dieu, mais abandonnés par la Providence, dont les décrets ne font pas connus des hommes.

Ils respirent quelque temps par les guerres intestines des Rois de Sirie. Mais bientôt les Juifs eux-mêmes s'armerent les uns contre les autres. Comme ils n'avoient point de Rois, & que la dignité de grand Sacrificateur était la premiere, c'était pour l'obtenir qu'il s'élevait de violents partis : on n'était Grand Prêtre que les armes à la main, & on n'arrivait au Sanctuaire que fur les cadavres de fes rivaux.

Hircan, de la race des Maccabées, devenu Grand Prêtre, mais toujours fujet des Siriens, fit ouvrir le fépulchre de David, dans lequel l'Exagérateur Joseph prétend qu'on trouva trois mille talents. C'était quand on rebâtissait le temple sous Néhémie qu'il eût fallu chercher ce prétendu tréfor. Cet Hircan obtint d'Antiochus Sidetès le droit de battre monnoie. Mais comme il n'y eut jamais de monnoie juive, il y a grande apparence que le tréfor du tombeau de David n'avait pas été confidérable.

Il est à remarquer que ce Grand Prêtre Hircan était Saducéen, & qu'il ne croyait ni à l'immortalité de l'ame, ni aux Anges ; fujet nouveau de querelle qui commençait à divifer les Saducéens & les Pharifiens. Ceux-ci confpirerent contre Hircan, & voulurent le condamner à la prifon & au fouet. Il fe vengea d'eux, & gouverna defpotiquement.

Son fils Ariftobule ofa fe faire Roi peudant les troubles de Sirie & d'Égypte. Ce fut un tyran plus cruel que tous ceux qui avaient opprimé le peuple juif. Aristobule, exact à la vérité à prier dans le temple, & ne mangeant jamais de porc, fit mourir de faim sa mere, & fit égorger Antigone son frere. Il eut pour successeur un nommé Jean, ou Jeanné, aussi méchant que lui.

Ce Jeanné, souillé de crimes, laissa deux fils qui se firent la guerre. Ces deux fils étaient Aristobule & Hircan. Aristobule chassa son frere & se fit Roi. Les Romains alors subjuguaient l'Asie. Pompée en passant vint mettre les Juifs à la raison, prit le temple, fit pendre les séditieux aux portes, & chargea de fers le prétendu Roi Aristobule.

Cet Aristobule avait un fils qui osait se nommer Alexandre. Il remua, il leva quelques troupes, & finit par être pendu par ordre de Pompée.

Enfin, Marc-Antoine donna pour Roi aux Juifs un Arabe Iduméen, du pays de ces Amalécites tant maudits par les Juifs. C'est ce même Hérode que St Matthieu dit avoir fait égorger tous les petits enfants des environs de Bethléem, sur ce qu'il apprit qu'il était né un Roi des Juifs dans ce village, & que trois Mages conduits par une étoile, étaient venus lui offrir des présents.

Ainsi les Juifs furent presque toujours subjugués aux esclaves. On sait comme ils se révolterent contre les Romains, & comme Titus les fit tous vendre au marché, au prix à l'animal dont ils ne voulaient pas manger

Ils essuierent un sort encore plus funeste sous les Empereurs Trajan & Adrien, & ils le mériterent. Il y eat du temps de Trajan un tremblement de terre qui engloutit les plus belles Villes de la Syrie. Les Juifs crurent que c'était le signal de la colere de Dieu contre les Romains; ils se rassemblerent, ils s'armerent en Afrique & en Chipre : une telle fureur les anima, qu'ils devorerent les membres des Romains égorgés par eux. Mais bientôt tous les coupables moururent dans les supplices. Ce qui restait fut animé de la même rage sous Adrien, quand Barcochebas se disant leur Messie se mit à leur tête. Ce fanatisme fut étouffé dans des torrents de sang.

Il est étonnant qu'il reste encore des Juifs. Le fameux Benjamin de Tudel, Rabin trèssavant qui voyagea dans l'Europe & dans l'Asie au douzieme siecle, en comptait environ trois cents quatre-vingt mille, tant Juifs que Samaritains : car il ne faut pas faire mention d'un prétendu Royaume de Théma vers le Thiber, où ce Benjamin, trompé ou trompeur sur cet article, prétend qu'il y avait trois cents mille Juifs des dix anciennes Tributs, rassemblés sous un Souverain. Jamais les Juifs n'eurent aucun pays en propre depuis Vespasien, excepté quelques bourgades dans les déserts de l'Arabie heureuse vers la mer rouge. Mahomet fut d'abord obligé de les ménager. Mais à la fin il détruisit la petite domination qu'ils avaient établie au Nord de la Mecque. C'est depuis

Mahomet qu'ils ont cessé réellement de composer un corps de peuple.

En suivant simplement le fil historique de la petite nation juive, on voit qu'elle ne pouvait avoir une autre fin. Elle se vante elle-même d'être sortie d'Égypte comme une horde de voleurs, emportant tout ce qu'elle avait emprunté des Égyptiens ; elle fait gloire de n'avoir jamais épargné ni la vieillesse, ni le sexe, ni l'enfance, dans les villages & dans les Bourgs dont elle a pu s'emparer. Elle ose étaler une haine irréconciliable contre toutes les autres nations ; elle se révolte contre tous ses maîtres ; toujours superstitieuse, toujours avide du bien d'autrui, toujours barbare, rampante dans le malheur, & insolente dans la prospérité. Voilà ce que furent les Juifs aux yeux des Grecs & des Romains qui purent lire leurs livres : mais aux yeux des Chrétiens éclairés par la foi, ils ont été nos précurseurs, ils nous ont préparé la voie. Ils ont été les Hérauts de la Providence.

Les deux autres nations qui sont errantes comme la Juive dans l'Orient, & qui comme elle ne s'allient avec aucun autre peuple, sont les Banians & les Parsis, nommés Guebres. Ces Banians adonnés au commerce ainsi que les Juifs, sont les descendants des premiers habitants paisibles de l'Inde ; ils n'ont jamais mêlé leur sang à un sang étranger, non plus que les Brachmanes. Les Parsis sont ces mêmes Perses, autrefois dominateurs de l'Orient, & Souverains des Juifs. Ils sont dispersés depuis Omar, & labourent en paix une partie de la terre où ils regnerent, fideles à cette antique religion des Mages, adorant un seul Dieu, & conservant le feu sacré qu'ils regardent comme l'ouvrage & l'embléme de la Divinité.

Je ne compte point ces restes d'Égyptiens adorateurs secrets d'Isis, qui ne subsistent plus aujourd'hui que dans quelques troupes vagabondes, bientôt pour jamais anéanties.

CHAPITRE XLIII.

DES PROPHETES JUIFS.

Nous nous garderons bien de confondre les Nabim, les Roheim des Hébreux avec les imposteurs des autres nations. * On sait que Dieu ne se communiquait qu'aux Juifs, excepté dans quelques cas particuliers, comme, par exemple, quand il inspira Balaam, Prophete de Mésopotamie, & qu'il lui fit prononcer le contraire de ce qu'on voulait lui faire dire. Ce Balaam était le Prophete d'un autre Dieu, & cependant il n'est point dit qu'il fut un faux Prophete. Nous avons déja remarqué que les Prêtres d'Égypte étaient Prophetes & voyants. Quel sens attachait-on à ce mot? Celui d'inspiré. Tantôt l'inspiré devinait le passé, tantôt l'avenir; souvent il se contentait de parler dans un style

---

Nombres, ch. 22.

figuré. C'est pourquoi, lorsque St Paul cite ce vers d'un Poëte Grec, Aratus, *Tout vit dans Dieu, tout se meut, tout respire en Dieu*, il donne à ce Poëte le nom de Prophete. *

Le titre, la qualité de Prophete était elle une dignité chez les Hébreux, un ministere particulier attaché par la loi à certaines personnes choisies, comme la dignité de Pythie à Delphe ? Non ; les Prophetes étaient seulement ceux qui se sentoient inspirés ou qui avaient des visions. Il arrivait de là que souvent il s'élevait de faux Prophetes sans mission, qui croyaient avoir l'esprit de Dieu, & qui souvent causerent de grands malheurs, comme les Prophetes des Cévennes au commencement de ce siecle.

Il était très-difficile de distinguer le faux Prophete du véritable. C'est pourquoi Manassé, Roi de Juda, fit périr Isaïe par le supplice de la scie. Le Roi Sédécias ne pouvait décider entre Jérémie & Ananie, qui prédisaient des choses contraires ; & il fit mettre Jérémie en prison. Ézéchiel fut tué par des Juifs compagnons de son esclavage. Michée ayant prophétisé des malheurs aux Rois Achab & Josaphat, un autre Prophete, Tsedékia, fils de Canaa, ** lui donna un soufflet, en lui disant, l'Esprit de l'Éternel a passé par ma main pour aller sur ta joue. Ozée (chap. 9) déclare que les Prophetes

----

* Actes des Apôtres, ch. 17.
** Paralipomenes, ch. 18.

sont des fous, *stultum Prophetam, insanum virum spiritualem.* Les Prophetes se traitaient les uns les autres de visionnaires & de menteurs. Il n'y avait donc d'autre moyen de discerner le vrai du faux, que d'attendre l'accomplissement des prédictions.

Élisée étant allé à Damas en Sirie, le Roi qui était malade lui envoya quarante chameaux chargés de présents, pour savoir s'il guérirait ; Élisée répondit, *que le Roi pourrait guérir, mais qu'il mourrait.* Le Roi mourut en effet. Si Élisée n'avait pas été un Prophete du vrai Dieu, on aurait pu le soupçonner de se ménager une évasion à tout événement ; car si le Roi n'était pas mort, Élisée avait prédit sa guérison, en disant qu'il pouvait guérir, & qu'il n'avait pas spécifié le temps de sa mort. Mais ayant confirmé sa mission par des miracles éclatants, on ne pouvait douter de sa véracité.

Nous ne rechercherons pas ici avec les Commentateurs, ce que c'était que l'esprit double qu'Élisée reçut d'Élie, ni ce que signifie le manteau que lui donna Élie en montant au Ciel dans un char de feu traîné par des chevaux enflammés, comme les Grecs figurerent en Poésie le char d'Apollon. Nous n'approfondirons point quel est le tipe, quel est le sens mistique de ces quarante-deux petits enfants, qui, en voyant Élisée dans le chemin escarpé qui conduit à Béthel, lui dirent en riant, *monte, chauve, monte ;* & de la vengeance qu'en tira le Prophete, en faisant venir sur le champ deux ours qui dévorerent ces innocentes créatures. Les faits sont connus, & le sens peut en être caché.

Il faut observer ici une coutume de l'Orient, que les Juifs poussèrent à un point qui nous étonne. Cet usage était non-seulement de parler en allégories, mais d'exprimer par des actions singulieres les choses qu'on voulait signifier. Rien n'était plus naturel alors que cet usage ; car les hommes n'ayant écrit long-temps leurs pensées qu'en hiérogliphes, ils devaient prendre l'habitude de parler comme ils écrivaient.

Ainsi les Scithes (si on en croit Hérodote) envoyerent à Darah, que nous appellons Darius, un oiseau, une souris, une grénouille & cinq flèches ; cela voulait dire que si Darius ne s'enfuyait aussi vite qu'un oiseau, ou s'il ne se cachait comme une souris & comme une grenouille, il périrait par leurs flèches. Le conte peut n'être pas vrai, mais il est toujours un témoignage des emblèmes en usage dans ces temps reculés.

Les Rois s'écrivaient en énigmes ; on en a des exemples dans Hiram, dans Salomon, dans la Reine de Saba. Tarquin le superbe, consulté dans son jardin par son fils sur la maniere dont il faut se conduire avec les Gabiens, ne répond qu'en abattant les pavots qui s'élevaient au-dessus des autres fleurs. Il faisait assez entendre qu'il fallait exterminer les Grands, & épargner le peuple.

C'est à ces hiérogliphes que nous devons les fables, qui furent les premiers écrits des hommes. La fable est bien plus ancienne que l'histoire simple.

Il faut être un peu familiarisé avec l'antiquité pour n'être point effarouché des actions & des discours énigmatiques des Prophetes Juifs.

Isaïe veut faire entendre au Roi Achas qu'il sera délivré dans quelques années du Roi de Syrie, & du Melk ou Roitelet de Samarie unis contre lui ; il lui dit : *Avant qu'un enfant soit en âge de discerner le mal & le bien, vous serez délivré de ces deux Rois. Le Seigneur prendra un rasoir de louage pour raser la tête, le poil du pénil (qui est figuré par les pieds.) & la barbe, &c.* Alors le Prophete prend deux témoins, Zacharie & Urie ; il couche avec la Prophétesse ; elle met au monde un enfant ; le Seigneur lui donne le nom de Maher-Salal-Hasbas, *partagez vite les dépouilles ;* & ce nom signifie qu'on partagera les dépouilles des ennemis.

Je n'entre point dans le sens allégorique & infiniment respectable qu'on donne à cette prophétie ; je me borne à l'examen de ces usages étonnants aujourd'hui pour nous.

Le même Isaïe marche tout nud dans Jérusalem, pour marquer que les Égyptiens seront entièrement dépouillés par le Roi de Babilone.

Quoi ! dira-t-on, est-il possible qu'un homme marche tout nud dans Jérusalem sans être repris de justice ? Oui, sans doute ; Diogene ne fut pas le seul dans l'antiquité qui eut cette hardiesse ; Strabon, dans son 15.e livre, dit qu'il y avait dans les Indes une secte de Brachmanes qui auraient été honteux de porter des vêtements. Aujourd'hui encore on voit des pénitents dans l'Inde qui marchent nuds & chargés de chaînes, avec un anneau de fer attaché à la verge, pour expier les péchés du peuple. Il y en a dans l'Afrique & dans la Turquie. Ces mœurs ne sont pas nos mœurs, & je ne crois pas que du temps d'Isaïe il y eut un seul usage qui ressemblât aux nôtres.

Jérémie n'avait que quatorze ans quand il reçut l'Esprit. Dieu étendit sa main & lui toucha la bouche, parce qu'il avait quelque difficulté de parler. Il voit d'abord une chaudiere bouillante tournée au Nord ; cette chaudiere représente les peuples qui viendront du Septentrion ; & l'eau bouillante figure les malheurs de Jérusalem.

Il achete une ceinture de lin, la met sur ses reins, & va la cacher par l'ordre de Dieu dans un trou auprès de l'Euphrate. Il retourne ensuite la prendre & la trouve pourrie. Il nous explique lui-même cette parabole, en disant que l'orgueil de Jérusalem pourrira.

Il se met des cordes au cou, il se charge de chaînes, il met un joug sur ses épaules, il envoye ces cordes, ces chaînes, & ce joug aux Rois voisins, pour les avertir de se soumettre au Roi de Babilone Nabuchodonosor, en faveur duquel il prophétise.

Ézéchiel peut surprendre davantage ; il prédit aux Juifs que les peres mangeront leurs enfants, & que les enfants mangeront leurs peres. Mais avant d'en venir à cette prédiction, il voit quatre animaux étincelants de lumiere, & quatre roues couvertes d'yeux ; il mange un volume de parchemin ; on le lie avec des chaines. Il trace un plan de Jérusalem sur une brique, il met à terre une poële de fer ; il couche trois cents quatre-vingt dix jours sur le côté gauche, & quarante jours sur le côté droit. Il doit manger du pain de froment, d'orge, de feves, de lentilles, de millet, & le couvrir d'excréments humains. *C'est ainsi*, dit-il, *que les enfants d'Israël mangeront leur pain souillé parmi les nations chez lesquelles ils seront chassés.* Mais après avoir mangé de ce pain de douleur, Dieu lui permet de ne le couvrir que des excréments de bœufs.

Il coupe ses cheveux & les divise en trois parts ; il en met une partie au feu, coupe la seconde avec une épée autour de la Ville, & jette au vent la troisieme.

Le même Ézéchiel a des allégories encore plus surprenantes.

Il introduit le Seigneur qui parle ainsi ; * Quand tu naquis on ne t'avait point coupé le nombril, tu n'étais ni lavée, ni salée... tu es devenue grande, ta gorge s'est formée, ton poil a paru.... J'ai passé, j'ai connu que c'était le temps des amants. Je t'ai couverte, & je me suis étendu sur ton ignominie.... Je t'ai donné des chaussures & des robes de coton, des bracelets, un colier, des pendants d'oreille.... Mais pleine de confiance

---

* Ézech. ch. 16.

en ta beauté tu t'es livrée à la fornication.... & tu as bâti un mauvais lieu ; tu t'es proſtituée dans les carrefours ; tu as ouvert tes jambes à tous les paſſants.... tu as recherché les plus robuſtes.... On donne de l'argent aux Courtiſannes, & tu en as donné à tes amants, &c.

* Oolla a forniqué ſur moi ; elle a aimé avec fureur ſes amants, Princes, Magiſtrats, Cavaliers.... Sa ſœur Ooliba s'eſt proſtituée avec plus d'emportement. Sa luxure à recherché ceux qui avaient le membre d'un âne, & qui..... comme des chevaux.

Ces expreſſions nous ſemblent bien indécentes & bien groſſieres ; elles ne l'étaient point chez les Juifs, elles ſignifiaient les apoſtaſies de Jéruſalem & de Samarie. Ces apoſtaſies étaient repréſentées très-ſouvent comme une fornication, comme un adultere. Il ne faut pas, encore une fois, juger des mœurs, des uſages, des façons de parler anciennes, par les nôtres ; elles ne ſe reſſemblent pas plus que la langue Françaiſe ne reſſemble au Caldéen & à l'Arabe.

Le Seigneur ordonne d'abord au Prophete Oſée, (chapitre 1) de prendre pour ſa femme une proſtituée, & il obéit. Cette proſtituée lui donne un fils. Dieu appelle ce fils Jeſraël : c'eſt un tipe de la Maiſon de Jéhu, qui périra, parce que Jéhu avait tué Joram dans Jeſraël. Enſuite le Seigneur or-

---

* Ézech. ch. 23.

donne à Osée d'épouser une femme adultere qui soit aimée d'un autre, comme le Seigneur aime les enfans d'Israël qui regardent les Dieux étrangers & qui aiment le marc de raisin, (chap. 3) le Seigneur dans la prophétie d'Amos menace les vaches de Samarie, (chap. 4) de les mettre dans la chaudiere. Enfin tout est l'opposé de nos mœurs & de notre tour d'esprit; & si on examine les usages de toutes les nations orientales, nous les trouverons également opposés à nos coutumes, non-seulement dans les temps reculés, mais aujourd'hui même lorsque nous les connaissons mieux.

CHAPITRE XLIV.

DES PRIERES DES JUIFS.

IL nous reste peu de prieres des anciens peuples. Nous n'avons que deux ou trois formules des mysteres & l'ancienne priere à Isis rapportée dans Apulée. Les Juifs ont conservé les leurs.

Si l'on peut conjecturer le caractere d'une nation par les prieres qu'elle fait à Dieu, on s'appercevra aisément que les Juifs étaient un peuple charnel & sanguinaire. Ils paraissent dans leurs Pseaumes souhaiter la mort du pécheur plutôt que sa conversion ; & ils demandent au Seigneur dans le style orientale tous les biens terrestres.

Tu

Tu arroseras les montagnes, la terre sera rassasiée de fruits.

Tu produis le foin pour les bêtes, & l'herbe pour l'homme. Tu fais sortir le pain de la terre, & le vin qui réjouit le cœur; tu donnes l'huile qui répand la joie sur le visage,

Juda est une marmite remplie de viandes; la montagne du Seigneur est une montagne coagulée, une montagne grasse. Pourquoi regardez-vous les montagnes coagulées?

Mais il faut avouer que les Juifs maudissent leurs ennemis dans un style non moins figuré.

Demande-moi, je te donnerai en héritage toutes les nations; tu les régiras avec une verge de fer.

Mon Dieu, traitez mes ennemis selon leurs œuvres, selon leurs desseins méchants punissez-les comme ils le méritent.

Que mes ennemis impies rougissent, qu'ils soient conduits dans le sépulchre.

Seigneur, prenez vos armes & votre bouclier, tirez votre épée, fermez tous les passages, que mes ennemis soient couverts de confusion, qu'ils soient comme la poussiere emportée par le vent, qu'ils tombent dans le piege.

Que la mort les surprenne, qu'ils descendent tous vivans dans la fosse.

Dieu brisera leurs dents dans leur bouche, il mettra en poudre les machoirs de ces lions.

Ils souffriront la faim comme des chiens,

ils se disperseront pour chercher à manger, & ne seront point rassasiés.

PS. 59. Je m'avancerai vers l'Idumée, & je la foulerai aux pieds.

PS. 67. Réprimez ces bêtes sauvages, c'est une assemblée de peuples semblables à des taureaux & à des vaches. ... Vos pieds seront baignés dans le sang de vos ennemis, & la langue de vos chiens en sera abreuvée.

PS. 68. Faites fondre sur eux tous les traits de votre colere, qu'ils soient exposés à votre fureur, que leur demeure & leurs tentes soient désertes.

PS. 78. Répandez abondamment votre colere sur les peuples à qui vous êtes inconnu.

PS. 82. Mon Dieu, traitez-les comme les Madianites, rendez-les comme une roue qui tourne toujours, comme la paille que le vent emporte, comme une forêt brûlée par le feu.

PS. 108. Asservissez le pécheur, que le malin soit toujours à son côté droit.

Qu'il soit toujours condamné quand il plaidera.

Que sa priere lui soit imputée à péché, que ses enfants soient orphelins, & sa femme veuve : que ses enfants soient des mendiants vagabonds ; que l'usurier enleve tout son bien.

PS. 128. Le Seigneur juste coupera leurs têtes : que tous les ennemis de Sion soient comme l'herbe seche des toits.

PS. 136. Heureux celui qui éventrera tes petits enfants encore à la mammelle, & qui les écrasera contre la pierre, &c.

On voit que si Dieu avait exaucé toutes les prieres de son peuple, il ne serait resté que des Juifs sur la terre; car ils détestaient toutes les nations, ils en étaient détestés; & en demandant sans cesse que Dieu exterminât tous ceux qu'ils haïssent, ils semblaient demander la ruine de la terre entiere. Mais il faut toujours se souvenir que non-seulement les Juifs étaient le peuple chéri de Dieu, mais l'instrument de ses vengeances. C'était par lui qu'il punissait les péchés des autres nations, comme il punissait son peuple par elles. Il n'est plus permis aujourd'hui de faire les mêmes prieres, & de lui demander qu'on éventre les meres & les enfants encore à la mammelle, & qu'on les écrase contre la pierre. Dieu étant reconnu pour le pere commun de tous les hommes, aucun peuple ne fait ces imprécations contre ses voisins. Nous avons été aussi cruels quelquefois que les Juifs; mais en chantant leurs Pseaumes, nous n'en détournons pas le sens contre les peuples qui nous font la guerre. C'est un des grands avantages que la loi de grace a sur la loi de rigueur. Et plut à Dieu que sous une loi sainte & avec des prieres divines, nous n'eussions pas répandu le sang de nos freres, & ravagé la terre au nom d'un Dieu de miséricorde!

CHAPITRE XLV.

DE JOSEPH, HISTORIEN DES JUIFS.

ON ne doit pas s'étonner que l'histoire de Flavian Joseph trouvât des contradicteurs quand elle parut à Rome. Il est vrai qu'il n'y en avait que très-peu d'exemplaires : il fallait au moins trois mois à un copiste habile pour la transcrire. Les livres étaient très-chers & très-rares : peu de Romains daignaient lire les annales d'une chétive nation d'esclaves, pour qui les grands & les petits avaient un mépris égal. Cependant il paraît par la réponse de Joseph à Appion, qu'il trouva un petit nombre de lecteurs, & l'on voit aussi que ce petit nombre le traita de menteur & de visionnaire.

Il faut se mettre à la place des Romains du temps de Titus, pour concevoir avec quel mépris mêlé d'horreur les vainqueurs de la terre connue & les Législateurs des nations devaient regarder l'histoire du peuple Juif. Ces Romains ne pouvaient guere savoir que Joseph avait tiré la plupart des faits des livres sacrés dictés par le St Esprit. Ils ne pouvaient pas être instruits que Joseph avait ajouté beaucoup de choses à la Bible, & en avait passé beaucoup sous silence. Ils ignoraient qu'il avait pris le fonds de quelques historiettes dans le troisieme livre d'Esdias, & que ce livre d'Esdras est un de ceux qu'on nomme Apocryphes.

Que devait penser un Sénateur Romain en lisant ces contes orientaux ? Joseph rapporte (liv. 10, ch. 12) que Darius fils d'Astiage avait fait le Prophete Daniel, Gouverneur de trois cents soixante Villes, lorsqu'il défendit sous peine de la vie de prier aucun Dieu pendant un mois. Certainement l'Ecriture ne dit point que Daniel gouvernait trois cents soixante Villes.

Joseph semble supposer ensuite que toute la Perse se fit Juive.

Le même Joseph donne au second temple des Juifs, rebâti par Zorobabel, une singuliere origine.

Zorobabel, dit-il, *était l'intime ami du Roi Darius.* Un esclave Juif intime ami du Roi des Rois ! c'est à peu près comme si un de nos Historiens nous disait qu'un fanatique des Cévennes délivré des galeres, était l'intime ami de Louis XIV.

Quoi qu'il en soit, selon Flavian Joseph, Darius qui était un Prince de beaucoup d'esprit, proposa à toute sa Cour une question digne du mercure galant, savoir, qui avait le plus de force, ou du vin, ou des Rois, ou des femmes ? Celui qui répondrait le mieux, devait pour récompense avoir une tiare de lin, une robe de pourpre, un colier d'or, boire dans une coupe d'or, coucher dans un lit d'or, se promener dans un chariot d'or, traîné par des chevaux enharnachés d'or, & avoir des patentes de cousin du Roi.

Darius s'aſſit ſur ſon Trône d'or pour écouter les réponſes de ſon Académie de beaux eſprits. L'un differta en faveur du vin, l'autre fut pour les Rois. Zorobabel prit le parti des femmes. Il n'y a rien de ſi puiſſant qu'elles, car j'ai vu, dit-il, Apamée la maîtreſſe du Roi mon Seigneur, donner de petits ſoufflets ſur les joues de Sa Sacrée Majeſté, & lui ôter ſon Turban pour s'en coëffer.

Darius trouva la réponſe de Zorobabel ſi comique, que ſur le champ il fit rebâtir le temple de Jéruſalem.

Ce conte reſſemble aſſez à celui qu'un de nos plus ingénieux Académiciens a fait de Soliman & d'un nez retrouſſé, lequel a ſervi de canevas à un fort joli Opéra-bouffon. Mais nous ſommes contraints d'avouer que l'Auteur du nez retrouſſé n'a eu ni lit d'or, ni carroſſe d'or, & que le Roi de France ne l'a point appellé mon couſin; nous ne ſommes plus au temps des Darius.

Ces rêveries dont Joſeph ſurchargeait les Livres ſaints, firent tort ſans doute chez les Payens aux vérités que la Bible contient. Les Romains ne pouvaient diſtinguer ce qui avait été puiſé dans une ſource impure, de ce que Joſeph avait tiré d'une ſource ſacrée. Cette Bible ſacrée pour nous, était ou inconnue aux Romains, ou auſſi mépriſée d'eux que Joſeph lui-même. Tout fut également l'objet des railleries & du profond dédain que les lecteurs conçurent pour l'hiſtoire juive. Les apparitions des Anges aux Patriarches, le passage de la mer rouge, les dix plaies d'Égypte, l'inconcevable multiplication du peuple Juif en si peu de temps, & dans un aussi petit terrein, tous les prodiges qui signalèrent cette nation ignorée, furent traités avec ce mépris qu'un peuple vainqueur de tant de nations, un peuple Roi, mais à qui Dieu s'était caché, avait naturellement pour un petit peuple réduit en esclavage.

Joseph sentait bien que tout ce qu'il écrivait, révolterait des Auteurs profanes; il dit en plusieurs endroits, *le lecteur en jugera comme il voudra*. Il craint d'effaroucher les esprits; il diminue autant qu'il le peut la foi qu'on doit aux miracles. On voit à tout moment qu'il est honteux d'être Juif, lors même qu'il s'efforce de rendre sa nation recommandable à ses vainqueurs. Il faut sans doute pardonner aux Romains, qui n'avaient que le sens commun, & qui n'avaient pas encore la foi, de n'avoir regardé l'Historien Joseph que comme un misérable transfuge qui leur contait des fables ridicules, pour tirer quelque argent de ses maîtres. Bénissons Dieu, nous qui avons le bonheur d'être plus éclairés que les Titus, les Trajans, les Antonins, & que tout le Sénat & les Chevaliers Romains nos maîtres, nous, qui, éclairés par des lumieres supérieures, pouvons discerner les fables absurdes de Joseph & les sublimes vérités que la Sainte Écriture nous annonce.

CHAPITRE XLVI.

D'UN MENSONGE DE FL. JOSEPH CONCERNANT ALEXANDRE ET LES JUIFS.

LO qu'Alexandre, élu par tous les Grecs comme son pere, & comme autrefois Agamemnon, pour aller venger la Grece des injures de l'Asie, eut remporté la victoire d'Issus, il s'empara de la Sirie, l'une des Provinces de Darah ou Darius; Il voulut s'assurer de l'Égypte avant de passer l'Euphrate & le Tigre, & ôter à Darius tous les ports qui pourraient lui fournir des flottes. Dans ce dessein, qui était celui d'un très-grand Capitaine, il fallut assiéger Tir. Cette Ville était sous la protection des Rois de Perse & souveraine de la mer; Alexandre la prit après un siege opiniâtre de sept mois, & y employa autant d'art que de courage; la digue qu'il osa faire sur la mer est encore aujourd'hui regardée comme le modele que doivent suivre tous les Généraux dans de pareilles entreprises. C'est en imitant Alexandre que le Duc de Parme prit Anvers, & le Cardinal de Richelieu la Rochelle, s'il est permis de comparer les petites choses aux grandes. Rollin à la vérité dit qu'Alexandre ne prit Tir que parce qu'elle s'était mocquée des Juifs, & que Dieu voulut venger l'honneur de son peuple. Mais Alexandre pouvait avoir encore d'autres raifons, il fallait après avoir foumis Tir, ne pas perdre un moment pour s'emparer du port de Péluse. Ainsi Alexandre ayant fait une marche forcée pour surprendre Gaza, il alla de Gaza à Péluse en sept jours. C'est ainsi qu'Arrien, Quinte-Curce, Diodore, Paul-Orose même, le rapportent fidèlement d'après le journal d'Alexandre.

Que fait Joseph pour relever sa nation sujette des Perses, tombée sous la puissance d'Alexandre avec toute la Sirie, & honorée depuis de quelques privileges par ce grand homme? Il prétend qu'Alexandre en Macédoine avait vu en songe le grand Prêtre des Juifs Jaddus, (supposé qu'il y eût en effet un Prêtre Juif dont le nom finit en us) que ce Prêtre l'avait encouragé à son expédition contre les Perses, que c'était par cette raison qu'Alexandre avait attaqué l'Asie. Il ne manqua donc pas après le siege de Tir de se détourner de cinq ou six journées de chemin pour aller voir Jérusalem, comme le grand Prêtre Jaddus avait autrefois apparu en songe à Alexandre, il reçut aussi en songe un ordre de Dieu d'aller saluer ce Roi; il obéit, & revêtu de ses habits pontificaux, suivi de ses Lévites en surplis, il alla en procession au-devant d'Alexandre: dès que ce Monarque vit Jaddus, il reconnut le même homme qui l'avait averti en songe sept ou huit ans auparavant de venir conquérir la Perse; & il le dit à Parménion. Jaddus avait sur sa tête son bonnet orné d'une lame d'or, sur laquelle était gravé un mot Hébreu ; Alexandre qui sans doute entendait l'hébreu parfaitement, reconnut auſſitôt le nom Jehovah, & ſe proſterna humblement, ſachant bien que Dieu ne pouvait avoir que ce nom. Jaddus lui montra auſſitôt des prophéties qui diſaient clairement qu'Alexandre s'emparerait de l'Empire des Perſes, prophéties qui ne furent jamais faites après l'événement. Il le flatta que Dieu l'avait choiſi pour ôter à ſon peuple chéri toute eſpérance de regner ſur la terre promiſe, ainſi qu'il avait choiſi autrefois Nabucodonoſor & Cirus, qui avaient poſſédé la terre promiſe l'un après l'autre. Ce conte abſurde du Romancier Joſeph ne devait pas, ce me ſemble, être copié par Rollin, comme s'il était atteſté par un Écrivain ſacré.

Mais c'eſt ainſi qu'on a écrit l'Hiſtoire Ancienne, & bien ſouvent la Moderne.

CHAPITRE XLVII.

DES PRÉJUGÉS POPULAIRES, AUXQUELS LES ÉCRIVAINS SACRÉS ONT DAIGNÉ SE CONFORMER PAR CONDESCENDANCE.

Les Livres ſaints ſont faits pour enſeigner la Morale & la Phyſique.

Le ſerpent paſſait dans l'antiquité pour le plus habile de tous les animaux. L'Auteur du Pentateuque veut bien dire que le serpent fut assez subtil pour séduire Ève. On attribuait quelquefois la parole aux bêtes : l'Écrivain sacré fait parler le serpent & l'ânesse de Balaam. Plusieurs Juifs & plusieurs Docteurs Chrétiens ont regardé cette histoire comme une allégorie; mais soit emblême, soit réalité, elle est également respectable. Les étoiles étaient regardées comme des points dans les nuées : l'Auteur divin se proportionne à cette idée vulgaire, & dit que la lune fut faite pour présider aux étoiles.

L'opinion commune était que les cieux étaient solides; on les nommait en Hébreu Rakiak, mot qui répond à la plaque de métal, à un corps étendu & ferme, que nous traduisîmes par firmament. Il portait des eaux, lesquelles se répandaient par des ouvertures. L'écriture se proportionne à cette physique.

Les Indiens, les Caldéens, les Persans, imaginaient que Dieu avait formé le monde en six temps. L'Auteur de la Genèse, pour ne pas effaroucher la faiblesse des Juifs, représente Dieu formant le monde en six jours, quoiqu'un mot & un instant suffisent à sa toute-puissance. Un jardin, des ombrages étaient un très-grand bonheur dans les pays secs, brûlés du soleil; le divin Auteur place le premier homme dans un jardin.

On n'avait point d'idée d'un être purement immatériel : Dieu est toujours représenté comme un homme; il se promène à midi dans le jardin, il parle & on lui parle.

Le mot *ame*, Ruah, signifie le souffle, la vie: l'ame est toujours employée pour la vie dans le Pentateuque.

On croyait qu'il y avait des nations de géants, & la Genese veut bien dire qu'ils étaient les enfants des Anges & des filles des hommes.

On accordait aux brutes une espece de raison. Dieu daigne faire alliance après le déluge avec les brutes comme avec les hommes.

Personne ne savait ce que c'est que l'arc-en-ciel; il était regardé comme une chose surnaturelle, & Homere en parle toujours ainsi. L'écriture l'appelle l'arc de Dieu, le signe d'alliance.

Parmi beaucoup d'erreurs auxquelles le genre humain a été livré, on croyait qu'on pouvait faire naître les animaux de la couleur qu'on voulait en présentant cette couleur aux meres avant qu'elles conçussent: l'Auteur de la Genese dit que Jacob eut des brebis tachetées par cet artifice.

Toute l'antiquité se servait de charmes contre la morsure des serpents, & quand la plaie n'était pas mortelle, ou qu'elle était heureusement sucée par des Charlatans nommés Psilles, ou qu'enfin on avait appliqué avec succès des topiques convenables, on ne doutait pas que les charmes n'eussent opérés. Moyse éleva un Dieu serpent d'airain, dont la vue guérissait ceux que les serpents avaient mordus. Dieu changeait une erreur populaire en une vérité nouvelle.

Une des plus anciennes erreurs était l'opinion que l'on pouvait faire naître des abeilles d'un cadavre pourri. Cette idée était fondée sur l'expérience journaliere de voir des mouches & des vermisseaux couvrir les corps morts des animaux. De cette expérience qui trompait les yeux, toute l'antiquité avait conclu que la corruption est le principe de la génération. Puisqu'on croyait qu'un corps mort produisait des mouches, on se figurait que le moyen sûr de se procurer des abeilles, était de préparer les peaux sanglantes des animaux de la maniere requise pour opérer cette métamorphose. On ne faisait pas réflexion combien les abeilles ont d'aversion pour toute chair corrompue, combien toute infection leur est contraire. La méthode de faire naître ainsi des abeilles ne pouvait réussir ; mais on croyait que c'était faute de s'y bien prendre. Virgile dans son quatrieme chant des Géorgiques, dit que cette opération fut heureusement faite par Aristée ; mais aussi il ajoute que c'est un miracle, *mirabile monstrum*.

C'est en rectifiant cet antique préjugé qu'il est rapporté que Samson trouva un essain d'abeilles dans la geule d'un lion qu'il avait déchiré de ses mains.

C'était encore une opinion vulgaire que l'aspic se bouchait les oreilles, de peur d'entendre la voix de l'enchanteur. Le Psalmiste se prête à cette erreur, en disant : (Ps. 58) *Tel que l'aspic sourd qui bouche ses oreilles, & qui n'entend point les enchantements.*

L'ancienne opinion que les femmes font tourner le vin & le lait, empêchent le beurre de se figer, & font périr les pigeonneaux dans les colombiers quand elles ont leurs regles, subsiste encore dans le petit peuple, ainsi que les influences de la lune. On crut que les purgations des femmes étaient les évacuations d'un sang corrompu, & que si un homme approchait de sa femme dans ce temps critique, il faisait nécessairement des enfants lépreux & estropiés : cette idée avait tellement prévenu les Juifs, que le Lévitique (chap. 20) condamne à mort l'homme & la femme qui se seront rendu le devoir conjugal dans ce temps critique.

Enfin l'Esprit Saint veut bien se conformer tellement aux préjugés populaires, que le Sauveur lui-même dit, qu'on ne met jamais le vin nouveau dans de vieilles futailles, & qu'il faut que le bled pourrisse pour mûrir.

Saint Paul dit aux Corinthiens, en voulant leur persuader la résurrection: *Insensés, ne savez-vous pas qu'il faut que le grain meure pour se vivifier ?* On sait bien aujourd'hui que le grain ne pourrit ni ne meurt en terre pour lever ; s'il pourrissait, il ne leverait pas ; mais alors on était dans cette erreur ; & le Saint Esprit daignait en tirer des comparaisons utiles. C'est ce que Saint Jérôme appelle parler par économie.

Toutes les maladies de convulsions passerent pour des possessions de diables, dès que la doctrine des diables fut admise. L'épilepsie chez les Romains comme chez les Grecs, fut appellée le *mal sacré*. La mélancolie accompagnée d'une espece de rage, fut encore un mal dont la cause était ignorée, ceux qui en étaient attaqués erraient la nuit en hurlant autour des tombeaux. Ils furent appellés démoniaques, likantropes, chez les Grecs. L'écriture admet des démoniaques qui errent autour des tombeaux.

Les coupables chez les anciens Grecs, étaient souvent tourmentés des furies; elles avaient réduit Oreste à un tel désespoir, qu'il s'était mangé un doigt dans un excès de fureur; elles avaient poursuivi Alcmeon, Étéocle & Polinice. Les Juifs Hellénistes, qui furent instruits de toutes les opinions grecques, admirent enfin chez eux des especes de furies, des esprits immondes, des diables qui tourmentaient les hommes. Il est vrai que les Saducéens ne reconnaissaient point de diables; mais les Pharisiens les reçurent un peu avant le regne d'Hérode. Il y avait alors chez les Juifs des exorcistes qui chassaient les diables; ils se servaient d'une racine qu'ils mettaient sous le nez des possédés, & employaient une formule tirée d'un prétendu livre de Salomon. Enfin ils étaient tellement en possession de chasser les diables, que notre Sauveur lui-même accusé, selon St Matthieu, de les chasser par les enchantements de Belzébuth, accorde que les Juifs ont le même pouvoir, & leur demande si c'est par Belzébuth qu'ils triomphent des esprits malins?

Certes, si les mêmes Juifs qui firent mourir Jesus, avaient eu le pouvoir de faire de tels miracles, si les Pharisiens chassaient en effet les diables, ils faisaient donc le même prodige qu'opérait le Sauveur ; ils avaient le don que Jesus communiquait à ses Disciples ; & s'ils ne l'avaient pas, Jesus se conformait donc au préjugé populaire, en daignant supposer que ses implacables ennemis qu'il appellait race de viperes, avaient le don des miracles & dominaient sur les démons. Il est vrai que ni les Juifs ni les Chrétiens ne jouissent plus aujourd'hui de cette prérogative long-temps si commune. Il y a toujours des exorcistes, mais on ne voit plus de diables, ni de possédés, tant les choses changent avec le temps ! Il était dans l'ordre alors qu'il y eût des possédés : & il est bon qu'il n'y en ait plus aujourd'hui. Les prodiges nécessaires pour élever un édifice divin sont inutiles quand il est au comble. Tout a changé sur la terre ; la vertu seule ne change jamais : elle est semblable à la lumiere du soleil, qui ne tient presque rien de la matiere connue, & qui est toujours pure, toujours immuable, quand tous les éléments se confondent sans cesse. Il ne faut qu'ouvrir les yeux pour bénir son auteur.

CHAPITRE XLVIII.
DES ANGES, DES GÉNIES,
DES DIABLES CHEZ LES ANCIENNES NATIONS ET CHEZ LES JUIFS.

Tout a sa source dans la nature de l'esprit humain; tous les hommes puissants, les Magistrats, les Princes avaient leurs messagers; il était vraisemblable que les Dieux en avaient aussi. Les Caldéens & les Perses semblent être les premiers qui parlerent des Anges. Les Parsis ignicoles qui subsistent encore, ont communiqué à l'Auteur de la religion des anciens Parsis, * les noms des Anges que les premiers Perses reconnaissaient. On en trouve cent dix-neuf, parmi lesquels ne sont ni Raphaël, ni Gabriël, que les Perses n'adopterent que long-temps après. Ces mots sont Caldéens; ils ne furent connus des Juifs que dans leur captivité : car avant l'Histoire de Tobie on ne voit le nom d'aucun Ange, ni dans le Pentateuque, ni dans aucun livre des Hébreux.

Les Perses dans leur ancien Catalogue qu'on trouve au-devant du Sadder, ne comptaient que douze diables; & Arimane était le premier. C'était du moins une chose consolante de reconnaître plus de génies bien-

---

* *Hide, de religione veterum Persarum.*

faisants que de démons ennemis du genre humain.

On ne voit pas que cette doctrine ait été suivie des Égyptiens. Les Grecs, au lieu de Génies tutélaires eurent des Divinités sécondaires, des Héros & des demi-Dieux. Au lieu de diables ils eurent Até, Érinnis, les Euménides. Il me semble que ce fut Platon qui parla le premier d'un bon & d'un mauvais Génie, qui présidaient aux actions de tout mortel. Depuis lui, les Grecs & les Romains se piquerent d'avoir chacun deux Génies; & le mauvais eut toujours plus d'occupation & de succès que son Antagoniste.

Quand les Juifs eurent enfin donné des noms à leur milice céleste, ils la distinguerent en dix classes, les Saints, les rapides, les forts, les flammes, les étincelles, les députés, les Princes, les fils des Princes, les images, les animés. Mais cette Hiérarchie ne se trouve que dans le Talmud & dans le Targum, & non dans les livres du Canon Hébreu.

Ces Anges eurent toujours la forme humaine, & c'est ainsi que nous les peignons encore aujourd'hui, en leur donnant des ailes. Raphaël conduisit Tobie. Les Anges, qui apparurent à Abraham, à Loth, burent & mangerent avec ces Patriarches; & la brutale fureur des habitants de Sodome ne prouve que trop que les Anges de Loth avaient un corps. Il serait même difficile de comprendre comment les Anges auraient parlé aux hommes, & comment on leur eut répondu, s'ils n'avaient paru sous la figure humaine.

Les Juifs n'eurent pas même une autre idée de Dieu. Il parle le langage humain avec Adam & Ève; il parle même au serpent; il se promene dans le jardin d'Éden à l'heure de midi. Il daigne converser avec Abraham, avec les Patriarches, avec Moyse. Plus d'un Commentateur a cru même que ces mots de la Genese, *faisons l'homme à notre image*, pouvaient être entendus à la lettre; que le plus parfait des êtres de la terre était une faible ressemblance de la forme de son Créateur; & que cette idée devait engager l'homme à ne jamais dégénérer.

Quoique la chûte des Anges transformés en Diables, en Démons, soit le fondement de la Religion juive & de la Chrétienne, il n'en est pourtant rien dit dans la Genese, ni dans la Loi, ni dans aucun livre canonique. La Genese dit expressément qu'un serpent parla à Ève & la séduisit. Elle a soin de remarquer que le serpent était le plus habile, le plus rusé de tous les animaux; & nous avons observé que toutes les nations avaient cette opinion du serpent. La Genese marque encore positivement que la haine des hommes pour les serpents vient du mauvais office que cet animal rendit au genre humain; que c'est depuis ce temps-là qu'il cherche à nous mordre, que nous cherchons à l'écraser; & qu'enfin il est condamné pour sa mauvaise action à ramper sur le ventre, & à manger la poussiere de la terre. Il est vrai que le serpent ne se nourrit point de terre ; mais toute l'antiquité le croyait.

Il semble à notre curiosité que c'était là le cas d'apprendre aux hommes que ce serpent était un des Anges rebelles devenus démons, qui venait exercer sa vengeance sur l'ouvrage de Dieu & le corrompre. Cependant, il n'est aucun passage dans le Pentateuque dont nous puissions inférer cette interprétation en ne consultant que nos faibles lumieres.

Sathan paraît dans Job, le maître de la terre, subordonné à Dieu. Mais quel homme un peu versé dans l'antiquité ne sait que ce mot *Sathan* était Caldéen, que ce Sathan était l'Arimane des Perses adopté par les Caldéens, le mauvais principe qui dominait sur les hommes ? Job est représenté comme un pasteur Arabe, vivant sur les confins de la Perse. Nous avons déja dit que les mots Arabes, conservés dans la traduction hébraïque de cette ancienne allégorie, montrent que le livre fut d'abord écrit par des Arabes. Flavian Joseph, qui ne le compte point parmi les livres du Canon Hébreu, ne laisse aucun doute sur ce sujet.

Les démons, les diables, chassés d'un globe du Ciel, précipités dans le cendre de notre globe, & s'échappant de leur prison pour tenter les hommes, sont regardés depuis plusieurs siecles comme les auteurs de notre damnation. Mais encore une fois, c'est une opinion dont il n'y a aucune trace dans l'Ancien Testament. C'est une vérité de tradition.

Quelques Commentateurs ont écrit que ce passage d'Isaïe : *Comment es-tu tombé du Ciel, ô Lucifer, qui paraissais le matin ?* désigne la chûte des Anges, & que c'est Lucifer qui se déguisa en serpent pour faire manger la pomme à Ève & à son mari.

Mais en vérité, une allégorie si étrangere ressemble à ces énigmes qu'on faisait imaginer autrefois aux jeunes écoliers dans les Colleges. On exposait, par exemple, un tableau représentant un vieillard & une jeune fille. L'un disait, c'est l'hiver & le printemps ; l'autre, c'est la neige & le feu ; un autre, c'est la rose & l'épine, ou bien, c'est la force & la faiblesse : & celui qui avait trouvé le sens le plus éloigné du sujet, l'application la plus extraordinaire, gagnait le prix.

Il en est précisément de même de cette application singuliere de l'étoile du matin au diable. Isaïe, dans son chap. 14, en insultant à la mort d'un Roi de Babilone, lui dit : *A ta mort on a chanté à gorge déployée ; les sapins, les cedres s'en sont réjouis. Il n'est venu depuis aucun exacteur nous mettre à la taille. Comment ta hauteur est-elle descendue au tombeau malgré le son de tes musettes ? Comment es-tu couché avec les vers & la vermine. Comment es-tu tombée du ciel, étoile du matin. Hélel, toi, qui pressais les nations, tu es abattue en terre !*

On a traduit cet *Hélel* en Latin par Lucifer; on a donné depuis ce nom au diable, quoiqu'il y ait assurément peu de rapport entre le diable & l'étoile du matin. On a imaginé que ce diable étant une étoile tombée du ciel, était un Ange qui avait fait la guerre à Dieu : il ne pouvait la faire lui seul, il avait donc des compagnons. La fable des géants armés contre les Dieux, répandue chez toutes les nations, est selon plusieurs Commentateurs une imitation profane de la tradition, qui nous apprend que des Anges s'étaient soulevés contre leur maître. Cette idée reçut une nouvelle force de l'Épître de St Jude, où il est dit : » *Dieu a gardé dans* » *les ténèbres, enchaînés jusqu'au jugement* » *du grand jour, les Anges qui ont dégénéré* » *de leur origine, & qui ont abandonné leur* » *propre demeure. . . . . Malheur à ceux qui* » *ont suivi les traces de Caïn. . . . . desquels* » *Enoc, septieme homme après Adam, a* » *prophétisé, en disant : Voici le Seigneur* » *est venu avec ses millions de Saints, &c.*

On s'imagina qu'Énoc avait laissé par écrit l'histoire de la chûte des Anges. Mais il y a deux choses importantes à observer ici. Premierement, Énoc n'écrivit pas plus que Seth, à qui les Juifs attribuerent des livres ; & le faux Énoc, que cite St Jude, est reconnu pour être forgé par un Juif. * Seconde-

---

* Il faut pourtant que ce Livre d'Énoc ait quelque antiquité, car on le trouve cité plusieurs fois dans le testament des douze Patriarches, autre Livre Juif, retouché par un Chrétien du premier siecle : & ce testament des douze Patriarches est même cité par St Paul dans sa premiere Épître aux Thessaloniciens, si c'est citer un passage que de le répéter mot pour mot. Le testament du Patriarche Ruben porte au

ment, ce faux Énoc ne dit pas un mot de la rébellion & de la chûte des Anges avant la formation de l'homme. Voici mot à mot ce qu'il dit dans ses *Egregori*.

„ Le nombre des hommes s'étant prodi-
» gieusement accru, ils eurent de très-belles
» filles; les Anges, les veillants, *Egregori*,
» en devinrent amoureux, & furent entraî-
» nés dans beaucoup d'erreurs. Ils s'anime-
» rent entre eux; ils se dirent: Choisissons-
» nous des femmes parmi les filles des hom-
» mes de la terre. Sémiaxas leur Prince dit:
» Je crains que vous n'osiez pas accomplir un
» tel dessein, & que je ne demeure seul
» chargé du crime. Tous répondirent: Fai-
» sons serment d'exécuter notre dessein, &
» dévouons-nous à l'anathême si nous y man-
» quons. Ils s'unirent donc par serment, &
» firent des imprécations. Ils étaient deux
» cents en nombre. Ils partirent ensemble
» du temps de Jared, & allèrent sur la mon-
» tagne appellée Hermonim à cause de leur
» serment. Voici le nom des principaux, Se-
» miaxas, Atarculph, Araciel, Chobabiel

---

chap. 6. *La colère du Seigneur tombe enfin sur eux.* Et saint Paul dit précisément les mêmes paroles. Au reste, ces douze testaments ne sont pas conformes à la Genèse dans tous les faits. L'inceste de Juda, par exemple, n'y est pas rapporté de la même manière. Juda dit qu'il abusa de sa belle-fille étant ivre. Le testament de Ruben a cela de particulier, qu'il admet dans l'homme sept organes des sens, au lieu de cinq; il compte la vie & l'acte de la génération pour deux sens. Au reste, tous ces Patriarches se repentent dans ce testament, d'avoir vendu leur frère Joseph.

» Hofampfich, Zaciel, Parmar, Thaufael,
» Samiel, Tiriel, Sumiel.

» Eux & les autres prirent des femmes
„ l'an onze cent foixante & dix de la créa-
„ tion du monde. De ce commerce nâqui-
„ rent trois genres d'hommes, les géants
„ Naphilim, &c.

L'Auteur de ce fragment, écrit de ce fty-
le, qui femble appartenir aux premiers
temps; c'eft la même naiveté. Il ne manque
pas de nommer les perfonnages; il n'oublie
pas les dattes; point de réflexions, point de
maximes, c'eft l'ancienne maniere orientale.

On voit que cette hiftoire eft fondée fur
le fixieme chapitre de la Genefe : „ Or, en
„ ce temps il y avait des géants fur la terre,
„ car les enfants de Dieu ayant eu commerce
„ avec les filles des hommes, elles enfante-
„ rent les Puiffants du fiecle.

Le Livre d'Énoc & la Genefe font entiérement d'accord fur l'accouplement des Anges avec les filles des hommes, & fur la race des géants qui en nâquit. Mais ni cet
Énoc, ni aucun livre de l'Ancien Teftament,
ne parle de la guerre des Anges contre Dieu,
ni de leur défaite, ni de leur chûte dans l'enfer, ni de leur haine contre le genre humain.

Il n'eft queftion des efprits malins & du
diable que dans l'allégorie de Job, dont
nous avons parlé, laquelle n'eft pas un Livre
juif, & dans l'aventure de Tobie. Le diable
Afmodée, ou Shammadey qui étrangla les
fept premiers maris de Sara, & que Raphaël
fit déloger avec la fumée du foie d'un poif-

son, n'était point un diable juif, mais Persan. Raphaël l'alla enchainer dans la haute Égypte ; mais il est constant que les Juifs n'ayant point d'enfer, ils n'avaient point de diables. Ils ne commencerent que fort tard à croire l'immortalité de l'ame & un enfer, & ce fut quand la secte des Pharisiens prévalut. Ils étaient donc bien éloignés de penser que le serpent qui tenta Éve fût un diable, un Ange précipité dans l'enfer. Cette pierre qui sert de fondement à tout l'édifice, ne fût posée que la derniere. Nous n'en révérons pas moins l'histoire de la chûte des Anges devenus diables ; mais nous ne savons où en trouver l'origine.

On appella diables Belzébuth, Belphégor, Astaroth ; mais c'étaient d'anciens Dieux de Sirie. Belphégor était le Dieu du mariage ; Belzébuth, ou Bel-sé-buth, signifiait le Seigneur qui préserve des insectes. Le Roi Okosias même l'avait consulté comme un Dieu, pour savoir s'il guérirait d'une maladie ; & Élie, indigné de cette démarche, avait dit : *N'y a-t-il point de Dieu en Israël pour aller consulter le Dieu d'Accaron ?*

Astaroth était la lune, & la lune ne s'attendait pas à devenir diable.

L'Apôtre Jude dit encore *que le diable se querella avec l'Ange Michaël, au sujet du corps de Moyse*. Mais on ne trouve rien de semblable dans le Canon des Juifs. Cette dispute de Michaël avec le diable n'est que dans un livre apocriphe, intitulé, *Analyses de Moyse*, cité par Origene dans le troisieme Livre de ses principes.

Il est donc indubitable que les Juifs ne reconnurent point de diables jusques vers le temps de leur captivité à Babilone. Ils puiserent cette doctrine chez les Perses qui la tenaient de Zoroastre.

Il n'y a que l'ignorance, le fanatisme & la mauvaise foi qui puissent nier tous ces faits; & il faut ajouter que la religion ne doit pas s'effrayer des conséquences. Dieu a certainement permis que la croyance aux bons & aux mauvais génies, à l'immortalité de l'ame, aux récompenses & aux peines éternelles, ait été établie chez vingt nations de l'antiquité avant de parvenir au peuple juif. Notre sainte Religion a consacré cette doctrine ; elle a établi ce que les autres avaient entrevu ; & ce qui n'était chez les anciens qu'une opinion, est devenu par la révélation une vérité divine.

CHAPITRE XLIX.

SI LES JUIFS ONT ENSEIGNÉ LES AUTRES NATIONS, OU S'ILS ONT ÉTÉ ENSEIGNÉS PAR ELLES.

Les Livres sacrés n'ayant jamais décidé si les Juifs avaient été les maîtres ou les disciples des autres peuples, il est permis d'examiner cette question.

Philon dans sa relation de sa mission auprès de Caligula, commence par dire qu'*Israël* est un terme Caldéen, que c'est un nom que les Caldéens donnerent aux Justes consacrés à Dieu, qu'*Israël* signifie *voyant Dieu*. Il paraît donc prouvé par cela seul que les Juifs n'appellerent Jacob *Israël*, qu'ils ne se donnerent le nom d'*Israélites*, que lorsqu'ils eurent quelque connaissance du Caldéen. Or ils ne purent avoir connaissance de cette langue que quand ils furent esclaves en Caldée. Est-il vraisemblable que dans les déserts de l'Arabie pétrée, ils eussent appris déja le Caldéen ?

Flavian Joseph, dans sa réponse à Appion, à Lisimaque & à Molon, (liv. 2, c. 5) avoue en propres termes : *Que ce sont les Égyptiens qui apprirent à d'autres nations à se faire circoncire, comme Hérodote le témoigne.* En effet, serait-il probable que la nation antique & puissante des Égyptiens, eût pris cette coutume d'un petit peuple qu'elle abhorrait, & qui de son aveu ne fut circoncis que sous Josué ?

Les Livres sacrés eux-mêmes nous apprennent que Moyse avait été nourri dans les sciences des Égyptiens, & ils ne disent nulle part que les Égyptiens aient jamais rien appris des Juifs. Quand Salomon voulut bâtir son temple & son palais, ne demande-t-il pas des ouvriers au Roi de Tyr ? Il est dit même qu'il donna vingt Villes au Roi Hiram, pour obtenir des ouvriers & des cedres : c'était sans doute payer bien cherement, & le marché est étrange ; mais jamais les Tyriens demanderent-ils des artistes Juifs ?

Le même Joseph dont nous avons parlé, avoue que sa nation, qu'il s'efforce de relever, *n'eut long-temps aucun commerce avec les autres nations*, qu'elle fut *sur-tout inconnue des Grecs, qui connaissaient les Scithes & les Tartares. Faut-il s'étonner* (ajoute-il, liv. 1, ch. 5.) que *notre nation éloignée de la mer, & ne se piquant point de rien écrire, ait été si peu connue ?*

Lorsque le même Joseph raconte avec ses exagérations ordinaires, la maniere aussi honorable qu'incroyable, dont le Roi Ptolomée Philadelphe acheta une traduction grecque des Livres juifs, faite par des Hébreux dans la ville d'Alexandrie, Joseph, dis-je, ajoute que Démétrius de Phalere, qui fit faire cette traduction pour la Bibliotheque de son Roi, demanda à l'un des traducteurs : ,, comment il se pouvait faire ,, qu'aucun Historien, aucun Poëte étran- ,, ger n'eût jamais parlé des loix juives ; " le traducteur répondit : ,, Comme ces loix sont ,, toutes divines, personne n'a osé entre- ,, prendre d'en parler, & ceux qui ont vou- ,, lu le faire, en ont été chatiés de Dieu. ,, Théopompe, voulant en inférer quelque ,, chose dans son histoire, perdit l'esprit ,, durant trente jours ; mais ayant reconnu ,, dans un songe qu'il était devenu fou pour ,, avoir voulu pénétrer dans les choses divi- ,, nes, & en faire part aux profanes, † il

---

* Joseph, Hist. des Juifs, liv. 12, ch. 2.

,, appaifa la colere de Dieu par fes prieres,
,, & rentra dans fon bon fens.

,, Théodecte, Poëte Grec, ayant mis
,, dans une Tragédie quelques paffages qu'il
,, avait tirés de nos Livres faints, devint
,, auffitôt aveugle, & ne recouvra la vue
,, qu'après avoir reconnu fa faute.

Ces deux contes de Jofeph, indignes de l'hiftoire, & d'un homme qui a le fens commun, contredifent à la vérité les éloges qu'il donne à cette traduction grecque des Livres juifs; car fi c'était un crime d'en inférer quelque chofe dans une autre langue, c'était fans doute un bien plus grand crime de mettre tous les Grecs à portée de les connaître. Mais au moins Jofeph, en rapportant ces deux Hiftoriettes, convient que les Grecs n'avaient jamais eu connaiffance des Livres de fa nation.

Au contraire, dès que les Hébreux furent établis dans Alexandrie, ils s'adonnerent aux lettres grecques; on les appella les Juifs Helléniftes. Il eft donc indubitable que les Juifs depuis Alexandre, prirent beaucoup de chofes des Grecs, dont la langue était devenue celle de l'Afie mineure, & d'une partie de l'Égypte, & que les Grecs ne purent rien prendre des Hébreux.

CHAPITRE L.

DES ROMAINS.

COMMENCEMENTS DE LEUR EMPIRE, ET DE LEUR RELIGION, LEUR TOLÉRANCE.

Les Romains ne peuvent point être comptés parmi les nations primitives. Ils sont trop nouveaux. Rome n'existe que sept cents cinquante ans avant notre Ére vulgaire. Quand elle eut des rites & des loix, elle les tint des Toscans & des Grecs. Les Toscans lui communiquerent la superstition des augures, superstition pourtant fondée sur des observations physiques, sur le passage des oiseaux dont on augurait les changements de l'Athmosphere. Il semble que toute superstition ait une chose naturelle pour principe, & que bien des erreurs soient nées d'une vérité dont on abuse.

Les Grecs fournirent aux Romains la loi des douze Tables. Un peuple, qui va chercher des loix & des Dieux chez un autre, devait être un peuple petit & barbare; aussi les premiers Romains l'étaient-ils. Leur territoire du temps des Rois & des premiers Consuls, n'était pas si étendu que celui de Raguse. Il ne faut pas sans doute entendre par ce nom de Roi, des Monarques tels que Cirus & ses successeurs. Le Chef d'un petit peuple de brigands, ne peut jamais être despotique. Les dépouilles se partagent en commun, & chacun défend fa liberté comme fon bien propre. Les premiers Rois de Rome étaient des Capitaines de Flibuftiers.

Si l'on en croit les Hiftoriens Romains, ce petit peuple commença par ravir les filles & les biens de fes voifins. Il devait être exterminé ; mais la férocité & le befoin qui le portait à ces rapines, rendirent fes injuftices heureufes ; il fe foutint étant toujours en guerre ; & enfin, au bout de quatre fiecles, étant bien plus aguerri que tous les autres peuples, il les foumit tous les uns après les autres, depuis le fond du Golfe Adriatique jufqu'à l'Euphrate.

Au milieu du brigandage, l'amour de la patrie domina toujours jufqu'au temps de Silla. Cet amour de la patrie confifta pendant plus de quatre cents ans, à rapporter à la maffe commune ce qu'on avait pillé chez les autres nations. C'eft la vertu des voleurs. Aimer la patrie, c'était tuer & dépouiller les autres hommes. Mais dans le fein de la République il y eut de très-grandes vertus. Les Romains policés avec le temps, policerent tous les Barbares vaincus, & devinrent enfin les Légiflateurs de l'Occident.

Les Grecs paraiffent dans les premiers temps de leurs Républiques une nation fupérieure en tout aux Romains. Ceux-ci ne fortent des répaires de leurs fept montagnes avec des poignées de foin, *manipli*, qui ne leur fervent de drapeaux, que pour piller des villages voifins. Ceux-là au contraire ne font occupés qu'à défendre leur liberté. Les Romains volent à quatre ou cinq milles à la ronde les Éques, les Volsques, les Antiates. Les Grecs repoussent les armées innombrables du grand Roi de Perse, & triomphent de lui sur terre & sur mer. Ces Grecs vainqueurs cultivent & perfectionnent tous les beaux arts; & les Romains les ignorent tous, jusques vers le temps de Scipion l'Africain.

J'observerai ici sur leur religion deux choses importantes; c'est qu'ils adopterent, ou permirent les cultes de tous les autres peuples, à l'exemple des Grecs, & qu'au fond le Sénat & les Empereurs reconnurent toujours un Dieu suprême, ainsi que la plupart des Philosophes, & des Poëtes de la Grece.

La tolérance de toutes les Religions était une loi naturelle, gravée dans les cœurs de tous les hommes. Car de quel droit un être créé pourrait-il forcer un autre être à penser comme lui? Mais quand un peuple est rassemblé, quand la Religion est devenue une loi de l'État, il faut se soumettre à cette loi. Or, les Romains par leurs loix adopterent tous les Dieux des Grecs, qui eux-mêmes avaient des Autels pour les Dieux inconnus, comme nous l'avons déja remarqué.

Les ordonnances des douze tables portent; *saparatim nemo habessit Deos neve advenas nisi publicè adscitos*: que personne n'ait des Dieux étrangers & nouveaux sans la sanction publique. On donna cette sanction à plusieurs cultes; tous les autres furent tolérés. Cette association de toutes les divinités du monde, cette espece d'hospitalité divine fut le droit des gens de toute l'antiquité, excepté peut-être chez deux petits peuples.

Comme il n'y eut point de dogmes, il n'y eut point de guerre de religion. C'était bien assez que l'ambition, la rapine versassent le sang humain, sans que la religion achevât d'exterminer le monde.

Il est encore très-remarquable que chez les Romains on ne persécuta jamais personne pour sa maniere de penser. Il n'y en a pas un seul exemple depuis Romulus jusqu'à Domitien, & chez les Grecs il n'y eut que le seul Socrate.

Il est encore incontestable que les Romains comme les Grecs adoraient un Dieu suprême. Leur Jupiter était le seul qu'on regarda comme le maître du tonnere, comme le seul que l'on nomma le Dieu très-grand & très-bon, *Deus optimus, maximus*. Ainsi de l'Italie à l'Inde & à la Chine, vous trouvez le culte d'un Dieu suprême & la tolérance dans toutes les nations connues.

A cette connaissance d'un Dieu, à cette indulgence universelle qui sont par-tout le fruit de la raison cultivée, se joignit une foule de superstitions qui étaient le fruit ancien de la raison commencée & erronée. On sait bien que les poulets sacrés & la Déesse Pertunda & la Déesse Cloacina sont ridicules.

Pourquoi les vainqueurs & les Législateurs de tant de nations n'abolirent-ils pas ces sottises? C'est qu'étant anciennes elles étaient cheres au peuple & qu'elles ne nui-

Q

faient point au gouvernement. Les Scipions, les Paul Émiles, les Cicérons, les Catons, les Céfars avaient autre chofe à faire qu'à combattre les fuperftitions de la populace. Quand une vieille erreur eft établie, la politique s'en fert comme d'un mords que le vulgaire s'eft mis lui-même dans la bouche, jufqu'à ce qu'une autre fuperftition vienne la détruire, & que la politique profite de cette feconde erreur, comme elle a profité de la premiere.

CHAPITRE LI.

QUESTIONS SUR LES CONQUÊTES DES ROMAINS ET LEUR DÉCADENCE.

Pourquoi les Romains, qui n'étaient que trois mille habitants, & qui n'avaient qu'un Bourg de mille pas de circuit fous Romulus, devinrent-ils avec le temps les plus grands Conquérants de la terre; & d'où vient que les Juifs, qui prétendent avoir eu fix cents trente mille foldats en fortant d'Égypte, qui ne marchaient qu'au milieu des miracles, qui combattaient fous le Dieu des armées, ne purent ils jamais parvenir à conquérir feulement Tyr & Sidon dans leur voifinage? Pas même à être jamais à portée de les attaquer? Pourquoi ces Juifs furent-ils prefque toujours dans l'efclavage? Ils avaient tout l'entoufiafme & toute la férocité qui devaient faire des Conquérants; le Dieu des armées était toujours à leur tête; & cependant ce sont les Romains, éloignés d'eux de dix-huit cents milles, qui viennent à la fin les subjuguer & les vendre au marché.

N'est-il pas clair, (humainement parlant & ne considérant que les causes secondes) que si les Juifs, qui espéraient la conquête du monde, ont été presque toujours asservis, ce fut leur faute? Et si les Romains dominerent, ne le méritèrent-ils pas par leur courage & par leur prudence? Je demande très-humblement pardon aux Romains de les comparer un moment avec les Juifs.

Pourquoi les Romains pendant plus de quatre cents cinquante ans ne purent-ils conquérir qu'une étendue de pays d'environ vingt-cinq lieues? N'est-ce point parce qu'ils étaient en très petit nombre, & qu'ils n'avaient successivement à combattre que des petits peuples comme eux? Mais enfin, ayant incorporé avec eux leurs voisins vaincus, ils eurent assez de force pour résister à Pirrhus.

Alors toutes les petites nations qui les entouraient, étant devenues Romaines, il s'en forma un peuple tout guerrier assez formidable pour détruire Carthage.

Pourquoi les Romains employerent-ils sept cents années à se donner enfin un Empire à peu près aussi vaste que celui qu'Alexandre conquit en sept ou huit années? Est-ce parce qu'ils eurent toujours à combattre des nations belliqueuses, & qu'Alexandre eut à faire à des peuples amollis.

Pourquoi cet Empire fut-il détruit par des

Barbares? Ces Barbares n'étaient-ils pas plus robustes, plus guerriers que les Romains, amollis à leur tour sous Honorius & sous ses successeurs? Quand les Cimbres vinrent menacer l'Italie du temps de Marius, les Romains durent prévoir que les Cimbres, c'est-à-dire, les peuples du Nord, déchireraient l'Empire, lorsqu'il n'y aurait plus de Marius.

La faiblesse des Empereurs, les factions de leurs Ministres & de leurs eunuques, la haine que l'ancienne religion de l'Empire portait à la nouvelle, les querelles sanglantes élevées dans le Christianisme, les disputes théologiques substituées au maniement des armes, & la mollesse à la valeur, des multitudes de Moines remplaçant les agriculteurs & les soldats, tout rappellait ces mêmes barbares qui n'avaient pu vaincre la République guerriere, & qui accablerent Rome languissante sous des Empereurs cruels, efféminés & dévots.

Lorsque les Goths, les Hérules, les Vandales, les Huns, inonderent l'Empire Romain, quelles mesures les deux Empereurs prenaient-ils pour détourner ces orages? La différence de *l'Omoosios* à *l'Omousios* mettait le trouble dans l'Orient & dans l'Occident. Les persécutions théologiques achevaient de tout perdre. Nestorius, Patriarche de Constantinople, qui eut d'abord un grand crédit sous Théodose II, obtint de cet Empereur qu'on persécutât ceux qui pensaient qu'on devait rebaptiser les Chrétiens apostats repentants, ceux qui croyaient qu'on devait célébrer la Pâque le 14 de la lune de Mars, ceux qui ne faisaient pas plonger trois fois les baptisés ; enfin il tourmenta tant les Chrétiens, qu'ils le tourmentèrent à leur tour. Il appella la Sainte Vierge *Antropotokos*; ses ennemis qui voulaient qu'on l'appellât *Theotokos*, & qui sans doute avaient raison, puisque le Concile d'Éphèse décida en leur faveur, lui suscitèrent une persécution violente. Ces querelles occupèrent tous les esprits. Mais pendant qu'on disputait, les Barbares se partageaient l'Europe & l'Afrique.

Mais pourquoi Alaric, qui, au commencement du cinquieme siecle marcha sur les bords du Danube vers Rome, ne commença-t-il pas par attaquer Constantinople, lorsqu'il était maître de la Thrace ? Comment hasarda-t-il de se trouver pressé entre l'Empire d'Orient & celui d'Occident ? Est-il naturel qu'il voulût passer les Alpes & l'Apennin, lorsque Constantinople tremblante s'offrait à sa conquête ? Les Historiens de ces temps-là, auffi mal instruits que les peuples étaient mal gouvernés, ne nous développent point ce mystere ; mais il est aisé de le deviner. Alaric avait été Général d'armée sous Théodose I, Prince violent, dévot & imprudent, qui perdit l'Empire en confiant sa défense aux Goths. Il vainquit avec eux son compétiteur Eugene ; mais les Goths apprirent par-là qu'ils pouvaient vaincre pour eux-mêmes. Théodose soudoyait Alaric & ses Goths. Cette paie devint un tribut, quand Arcadius, fils de Théodose, fut sur le Trône de l'Orient. Alaric épargna donc son tributaire pour aller tomber sur Honorius & sur Rome.

Honorius avait pour Général le célebre Stilicon, le seul qui pouvait défendre l'Italie, & qui avait déja arrêté les efforts des Barbares. Honorius, sur de simples soupçons, lui fit trancher la tête sans forme de procès. Il était plus aisé d'assassiner Stilicon que de battre Alaric. Cet indigne Empereur retiré à Ravenne, laissa le Barbare, qui lui était supérieur en tout, mettre le siege devant Rome. L'ancienne maîtresse du monde se racheta du pillage au prix de cinq mille livres pesant d'or, trente mille d'argent, quatre mille robes de soie, trois mille de pourpre, & trois mille livres d'épiceries. Les denrées de l'Inde servirent à la rançon de Rome.

Honorius ne voulut pas tenir le Traité. Il envoya quelques troupes qu'Alaric extermina. Il entra dans Rome en 409, & un Goth y créa un Empereur qui devint son premier sujet. L'année d'après, trompé par Honorius, il le punit en saccageant Rome. Alors tout l'Empire d'Occident fut déchiré; les habitants du Nord y pénétrerent de tous côtés, & les Empereurs d'Orient ne se maintinrent qu'en se rendant tributaires.

C'est ainsi que Théodose II le fut d'Attila. L'Italie, les Gaules, l'Espagne, l'Afrique, furent la proie de quiconque voulut y entrer. Ce fut là le fruit de la politique forcée de Constantin, qui avait transféré l'Empire Romain en Thrace.

N'y a-t-il pas visiblement une destinée qui fait l'accroissement & la ruine des États ? Qui aurait prédit à Auguste qu'un jour le Capitole serait occupé par un Prêtre d'une Religion tirée de la Religion juive, aurait bien étonné Auguste. Pourquoi ce Prêtre s'est-il enfin emparé de la Ville des Scipions & des Césars ? C'est qu'il l'a trouvée dans l'Anarchie. Il s'en est rendu le maître presque sans effort, comme les Évêques d'Allemagne vers le treizieme siecle devinrent Souverains des peuples dont ils étaient pasteurs.

Tout événement en amene un autre auquel on ne s'attendait pas. Romulus ne croyait fonder Rome ni pour les Princes Goths, ni pour des Évêques. Alexandre n'imagina pas qu'Alexandrie appartiendrait aux Turcs; & Constantin n'avait pas bâti Constantinople pour Mahomet II.

CHAPITRE LII.

DES PREMIERS PEUPLES QUI ÉCRIVENT L'HISTOIRE ET DES FABLES DES PREMIERS HISTORIENS.

Il est incontestable que les plus anciennes annales du monde sont celles de la Chine. Ces annales se suivent sans interruption toutes circonstanciées, toutes sages, sans aucun mélange de merveilleux, toutes appuyées sur des observations astronomiques depuis quatre mille cent cinquante-deux ans. Elles remontent encore à plusieurs siecles au-delà, sans dattes précises à la vérité, mais avec cette vraisemblance qui semble approcher de la certitude. Il est bien probable que des nations puissantes, telles que les Indiens, les Égyptiens, les Caldéens, les Siriens qui avaient de grandes Villes, avaient aussi des annales.

Les peuples errants doivent être les derniers qui aient écrit, parce qu'ils ont moins des moyens que les autres d'avoir des Archives & de les conserver, parce qu'ils ont peu de besoins, peu de loix, peu d'événements, qu'ils ne sont occupés que d'une subsistance précaire, & qu'une tradition orale leur suffit. Une Bourgade n'eut jamais d'histoire, un peuple errant encore moins, une simple Ville très-rarement.

L'histoire d'une nation ne peut jamais être écrite que fort tard; on commence par quelques regiſtres très-sommaires, qui sont conservés autant qu'ils peuvent l'être dans un temple ou dans une citadelle. Une guerre malheureuse détruit souvent ces annales, & il faut recommencer vingt fois comme des fourmis dont on a foulé aux pieds l'habitation; ce n'est qu'au bout de plusieurs siecles qu'une histoire un peu détaillée peut succéder à ces regiſtres informes, & cette premiere histoire est toujours mêlée d'un faux merveilleux, par lequel on veut remplacer la vérité qui manque. Ainsi les Grecs n'eurent leur Herodote que dans la quatre-vingtieme Olimpiade, plus de mille ans après la premiere époque rapportée dans les marbres de Paros. Fabius Pictor, le plus ancien Historien des Romains, n'écrivit que du temps de la seconde guerre contre Carthage, environ 540 ans après la fondation de Rome.

Or, si ces deux nations, les plus spirituelles de la terre, les Grecs & les Romains nos maîtres, ont commencé si tard leur histoire, si nos nations septentrionales n'ont eu aucun Historien avant Grégoire de Tours, croira-t-on de bonne foi que des Tartares vagabonds qui dorment sur la neige, ou des Troglodites qui se cachent dans des cavernes, ou des Arabes errants & voleurs, qui errent dans des montagnes de fable, aient eu des Thucidides & des Xénophons ? Peuvent-ils savoir quelque chose de leurs ancêtres ? Peuvent-ils acquérir quelque connaissance avant d'avoir eu des Villes, avant de les avoir habitées, avant d'y avoir appellé tous les arts dont ils étaient privés ?

Si les Samoyedes, ou les Nazamons, ou les Esquimaux venaient nous donner des annales antidatées de plusieurs siecles, remplies des plus étonnants faits d'armes, & d'une suite continuelle de prodiges qui étonnent la nature, ne se mocquerait-on pas de ces pauvres Sauvages ? Et si quelques personnes amoureuses du merveilleux, ou intéressées à le faire croire, donnaient la torture à leur esprit pour rendre ces sottises vraisemblables, ne se mocquerait-on pas de leurs efforts ? Et s'ils joignaient à leur absurdité l'insolence d'affecter du mépris pour les Savants, & la cruauté de persécuter ceux qui douteraient, ne seraient-ils pas les plus exécrables des hommes ? Qu'un Siamois vienne me conter les métamorphoses de Sammonocodom, & qu'il me menace de me brûler si je lui fais des objections, comment dois-je en user avec ce Siamois ?

Les Historiens Romains nous content à la vérité, que le Dieu Mars fit deux enfants à une Vestale, dans un siecle où l'Italie n'avait point de Vestales, qu'une louve nourrit ses deux enfants au lieu de les dévorer, comme nous l'avons déja vu ; que Castor & Pollux combattirent pour les Romains, que Curtius se jetta dans un goufre, & que le goufre se referma ; mais le Sénat de Rome ne condamna jamais à la mort ceux qui douterent de tous ces prodiges : il fut permis d'en rire dans le Capitole.

Il y a dans l'Histoire Romaine des événements très-possibles, qui sont très-peu vraisemblables. Plusieurs savants hommes ont déja révoqué en doute l'aventure des oies qui sauverent Rome, & celle de Camille qui détruisit entiérement l'armée des Gaulois. La victoire de Camille brille beaucoup à la vérité, dans Tite-Live; mais Polibe, plus ancien que Tite-Live, & plus homme d'État, dit précisément le contraire; il assure que les Gaulois, craignant d'être attaqués par les Vénetes, partirent de Rome chargés de butins, après avoir fait la paix avec les Romains. A qui croirons-nous de Tite-Live ou de Polibe ? Au moins nous douterons.

Ne douterons-nous pas encore du supplice

de Régulus qu'on fait enfermer dans un coffre armé en dedans de pointes de fer ? Ce genre de mort est assurément unique. Comment ce même Polibe presque contemporain, Polibe qui était sur les lieux, qui a écrit si supérieurement la guerre de Rome & de Carthage, aurait-il passé sous silence un fait aussi extraordinaire, aussi important, & qui aurait si bien justifié la mauvaise foi dont les Romains en userent avec les Carthaginois ? Comment ce peuple aurait-il osé violer si barbarement le droit des gens avec Régulus, dans le temps que les Romains avaient entre leurs mains plusieurs principaux citoyens de Carthage sur lesquels ils auraient pu se venger ?

Enfin, Diodore de Sicile rapporte dans un de ses fragments, que les enfants de Régulus ayant fort maltraité des prisonniers Carthaginois, le Sénat Romain les réprimanda, & fit valoir le droit des gens. N'aurait-il pas permis une juste vengeance aux fils de Régulus, si leur pere avait été assassiné à Carthage ? L'histoire du supplice de Régulus s'établit avec le temps, la haine contre Carthage lui donna cours; Horace la chanta, & on n'en douta plus.

Si nous jettons les yeux sur les premiers temps de notre Histoire de France, tout en est peut-être aussi faux qu'obscur & dégoûtant; du moins il est bien difficile de croire l'aventure de Childeric & d'une Bazine femme d'un Bazin, & d'un Capitaine Romain, élu Roi des Francs qui n'avaient point encore de Rois.

Grégoire de Tours est notre Hérodote, à cela près que le Tourangeau est moins amusant, moins élégant que le Grec. Les Moines, qui écrivirent après Grégoire, furent-ils plus éclairés & plus véridiques? Ne prodiguerent-ils pas quelquefois des louanges un peu outrées à des assassins qui leur avaient donné des terres? Ne changerent-ils jamais d'opprobres des Princes sages qui ne leur avaient rien donné?

Je sais bien que les Francs, qui envahirent la Gaule, furent plus cruels que les Lombards qui s'emparerent de l'Italie, & que les Visigoths qui regnerent en Espagne. On voit autant de meurtres, autant d'assassinats dans les annales des Clovis, des Thierris, des Childebert, des Chilperics & des Clotaires, que dans celles des Rois de Juda & d'Israël. Rien n'est assurément plus sauvage que ces temps barbares; cependant, n'est-il pas permis de douter du supplice de la Reine Brunehaut?

Elle était âgée de près de quatre-vingt ans quand elle mourut en 613 ou 614. Frédegaire qui écrivait sur la fin du huitieme siecle, cent cinquante ans après la mort de Brunehaut, (& non pas dans le septieme siecle, comme il est dit dans l'abrégé chronologique par une faute d'impression) Frédegaire, dis-je nous assure que le Roi Clotaire, Prince très-pieux, très-craignant Dieu, humain, patient, débonnaire, fit promener la Reine Brunehaut sur un chameau autour de son camp, ensuite la fit attacher par les cheveux, par un bras & par une jambe à la queue d'une cavalle indomptée, qui la traîna vivante sur les chemins, lui fracaſſa la tête ſur les cailloux, la mit en pieces, après quoi elle fut brûlée & réduite en cendres. Ce chameau, cette cavalle indomptée, une Reine de quatre-vingt ans attachée par les cheveux & par un pied à la queue de cette cavalle, ne ſont pas des choſes bien communes.

Il eſt peut-être difficile que le peu de cheveux d'une femme de cet âge puiſſent tenir à une queue, & qu'on ſoit lié à la fois à cette queue par les cheveux & par un pied. Et comment eut-on la pieuſe attention d'inhumer Brunehaut dans un tombeau à Autun, après l'avoir brûlée dans un camp? Les Moines Frédegaire & Aimoin le diſent, mais ces Moines ſont-ils de Thou & des Humes?

Il y a un autre tombeau érigé à cette Reine au quinzieme ſiecle dans l'Abbaye de St Martin d'Autun qu'elle avait fondée. On a trouvé dans ce ſépulcre un reſte d'éperon. C'était, dit-on, l'éperon qu'on mit aux flancs de la cavalle indomptée. C'eſt dommage qu'on n'y ait pas trouvé auſſi la corne du chameau ſur lequel on avait fait monter la Reine. N'eſt-il pas poſſible que cet éperon y ait été mis par inadvertance, ou plutôt par honneur? Car, au 15me ſiecle un éperon doré était une grande marque d'honneur. En un mot, n'eſt-il pas raiſonnable de ſuſpendre ſon jugement ſur cette étrange aventure ſi mal conſtatée? Il eſt vrai que Paquier dit que la mort de Brunehaut *avait été prédite par la Sibylle.*

Tous ces siecles de barbarie font des siécles d'horreurs & de miracles. Mais faudra-t-il croire tout ce que les Moines ont écrit? Ils étaient presque les seuls qui sussent lire & écrire, lorsque Charlemagne ne savait pas signer son nom. Ils nous ont instruit de la datte de quelques grands événements. Nous croyons avec eux que Charles Martel battit les Sarrazins; mais qu'il en ait tué trois cents soixante mille dans la bataille, en vérité c'est beaucoup.

Ils disent que Clovis, second du nom, devint fou; la chose n'est pas impossible; mais que Dieu ait affligé son cerveau pour le punir d'avoir pris un bras de St Denis dans l'Église de ces Moines pour le mettre dans son Oratoire, cela n'est pas si vraisemblable.

Si on n'avait que de pareils contes à retrancher de l'Histoire de France, ou plutôt de l'Histoire des Rois Francs & de leurs Maires, on pourrait s'efforcer de la lire. mais comment supporter les mensonges grossiers dont elle est pleine? On y assiege continuellement des Villes & des forteresses qui n'existaient pas. Il n'y avait par delà le Rhin que des Bourgades sans murs, défendues par des palissades de pieux, & par des fossés. On sait que ce n'est que sous Henri l'Oiseleur, vers l'an neuf cents vingt, que la Germanie eut des Villes murées & fortifiées. Enfin, tous les détails de ces temps-là sont autant de fables, & qui pis est, de fables ennuyeuses.

CHAPITRE LIII.
DES LÉGISLATEURS
QUI ONT PARLÉ AU NOM DES DIEUX.

Tout Législateur profane, qui osa feindre que la Divinité lui avait dicté ses loix, était visiblement un blasphémateur & un traître; un blasphémateur, puisqu'il calomniait les Dieux; un traître, puisqu'il asservissait sa patrie à ses propres opinions. Il y a deux sortes de loix, les unes naturelles, communes à tous, & utiles à tous. ,, Tu ne ,, voleras ni ne tueras ton prochain; tu auras ,, un soin respectueux de ceux qui t'ont donné le jour & qui ont élevé ton enfance; tu ,, ne raviras pas la femme de ton frere; tu ne ,, mentiras pas pour lui nuire; tu l'aideras dans ,, ses besoins pour mériter d'en être secouru à ,, ton tour : " voilà les loix que la nature a promulgués du fond des Isles du Japon aux rivages de notre Occident. Ni Orphée, ni Hermès, ni Minos, ni Licurgue, ni Numa, n'avaient besoin que Jupiter vînt au bruit du tonnerre annoncer des vérités gravées dans tous les cœurs.

Si je m'étais trouvé vis-à-vis de quelqu'un de ces grands Charlatants dans la place publique, je lui aurais crié : Arrête, ne compromets point ainsi la Divinité; tu veux me tromper, si tu la fais descendre pour enseigner ce que nous savons tous ; tu veux sans doute la faire servir à quelqu'autre usage : tu veux te prévaloir de mon consentement à des vérités éternelles, pour arracher de moi mon consentement à ton usurpation : je te défère au peuple comme un tyran qui blasphême.

Les autres loix sont les politiques : loix purement civiles, éternellement arbitraires, qui tantôt établissent des éphores, tantôt des consuls, des comices par centuries, ou des comices par tribus, un Aréopage ou un Sénat, l'aristocratie, la démocratie ou la Monarchie. Ce serait bien mal connaître le cœur humain, de soupçonner qu'il soit possible qu'un Législateur profane eût jamais établi une seule de ces loix politiques au nom des Dieux, que dans la vue de son intérêt. On ne trompe ainsi les hommes que pour son profit.

Mais tous les Législateurs profanes ont-ils été des frippons, dignes du dernier supplice ? Non ; de même qu'aujourd'hui dans les assemblées des Magistrats, il se trouve toujours ames droites & élevées qui proposent des choses utiles à la société, sans se vanter qu'elles lui ont été révélées, de même aussi parmi les Législateurs il s'en est trouvé plusieurs qui ont institué des loix admirables, sans les attribuer à Jupiter ou à Minerve. Tel fut le Sénat Romain qui donna des loix à l'Europe, à la petite Asie & à l'Afrique sans les tromper ; & tel de nos jours a été Pierre le Grand, qui eut pu en imposer à ses sujets plus facilement qu'Hermès aux Egyptiens, Minos aux Crétois, & Zamolxis aux anciens Scithes.

FIN.

De ce qui est contenu dans ce cinquième Tome.

Les Revers de la Fortune, 3
La Belle Hollandoise, 19
La Princesse de Java, 38
Zoraïde, 66
Les Evénemens heureux & tragiques, 118
L'Amante homicide, 152
Le Scélerat trompé, 162
Suite du Scélerat trompé, 195
La Constance couronnée, 211
L'Illustre Voyageur, 247
Suite de l'Histoire de Fulvie & de Sydanck, 281
Suite de l'Illustre Voyageur, 328
Les Illustres Ennemis, 360
Suite des Illustres Ennemis, 396
Histoire de Don Alvare de Pardo, 422

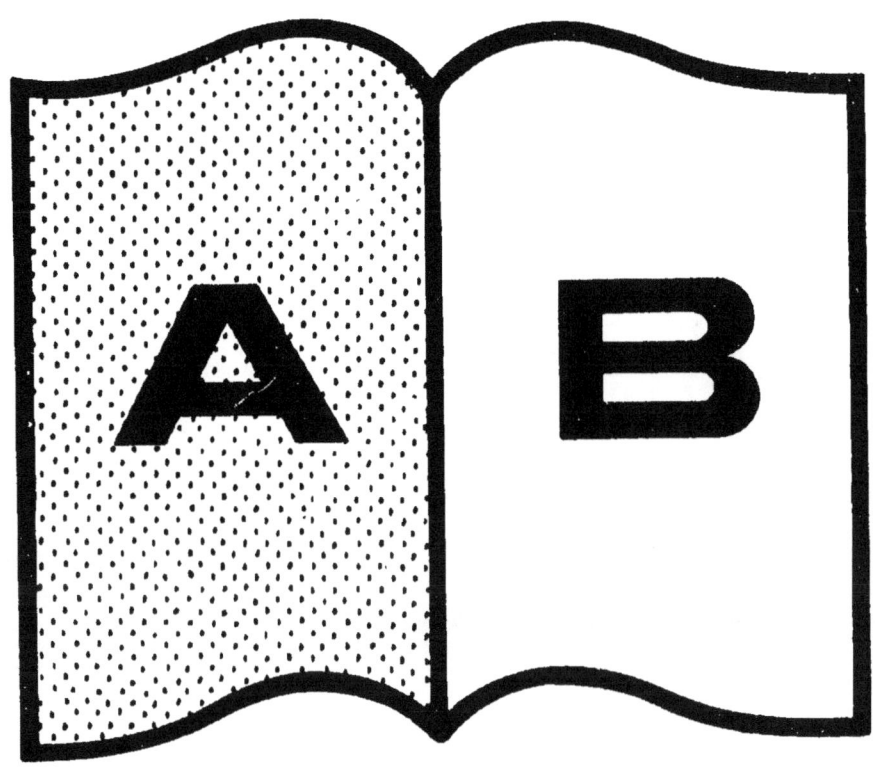

Contraste insuffisant

NF Z 43-120-14

www.ingramcontent.com/pod-product-compliance
Lightning Source LLC
Chambersburg PA
CBHW050343170426
43200CB00009BA/1713